КОМПЛЕТЕН ВОДИЧ ЗА ВАШИТЕ АПЕТИЗАТИ

100 вкусни и лесни рецепти за мезе за сите видови настани и пригоди

Βάϊα Κοτζιά

Сите права се задржани.

Одрекување

Информациите содржани во оваа е-книга треба да послужат како сеопфатна колекција на стратегии за кои авторот на оваа е-книга истражувал. Резимењата, стратегиите, советите и триковите се само препораки од авторот, а читањето на оваа е-книга нема да гарантира дека нечии резултати точно ќе ги одразуваат резултатите на авторот. Авторот на еКнигата ги вложил сите разумни напори да обезбеди актуелни и точни информации за читателите на еКнигата. Авторот и неговите соработници нема да бидат одговорни за каква било ненамерна грешка или пропусти што може да се најдат. Материјалот во еКнигата може да вклучува информации од трети страни. Материјалите од трети страни содржат мислења изразени од нивните сопственици. Како таков, авторот на еКнигата не презема одговорност или одговорност за какви било материјали или мислења од трета страна.

Екнигата е авторско право © 2023 со сите права задржани. Незаконски е да се прераспределува, копира или креира изведено дело од оваа еКнига целосно или делумно. Ниту еден дел од овој извештај не смее да се репродуцира или реемитува во какви било репродуцирани или реемитувани во какви било форми без писменото изразено и потпишано одобрение од авторот.

СОДРЖИНА

3

ЗАКЛУЧОК

ВОВЕД

Предјадењата се храна со прсти што обично се служи пред оброк, или помеѓу оброците, а се нарекуваат и хорс, антипасти или предјадења и може да варираат од многу едноставна до многу сложена, во зависност од приликата и времето посветено на правејќи ги. Тие се вообичаен додаток на аперитиви, коктели кои се служат пред оброк.

На вечери, банкети и слично, мезе може да се сервира пред оброк. Ова е особено вообичаено на свадбите кога е потребно време свадбената веселба и гостите да стигнат до прием по склучувањето на бракот. Предјадења може да се служат на долги забави кои се случуваат после редовен оброк. Попладневната забава каде што нема намера да се служи вечера или вечерната забава што се случува по вечерата може да има предјадења за гостите да имаат можност да грицкаат. Многу ресторани имаат низа предјадења кои се нарачуваат непосредно пред оброк како прво јадење.

Предјадењата треба да бидат големи по вкус, мали по големина и цена. Мезето мора да има изразен, пикантен вкус и особини што го поттикнуваат апетитот. Кисела и солена храна, киселини, бибер и пиперка играат впечатлива улога во нивното производство. Сурови остриги и школки, грејпфрут, дињи и овошни коктели, канапе и мали сендвичи намачкани со пасти од сардини, аншоа и кавијар, јастог и ракови од рак, сирење, маслинки и други мешавини со висок вкус, ѓаволски јајца, мали вкусни салати. вклучени без предрасуди во листата на мезе. Во делови од Соединетите Држави, вечерата секогаш се започнува со салата како предјадење.

1. Полнети пиперки

Принос: 6 полнети пиперки

Состојки

- 6 големи црвени пиперки
- 1 фунта исечени печурки,
- 1 лажичка кокосово масло
- $\frac{1}{2}$ чаша трошки од пченкарен леб
- 1 лажица масло од оризови трици
- 1 чаша свежо сурово цвекло, излупено и изрендано
- $\frac{1}{2}$ кромид, тенко исечен
- 1 чаша супа од зеленчук

Правци:

a) Загрејте ја рерната на 375°F.

b) Во тавче загрејте го кокосовото масло и пржете ги печурките.

c) Отстранете ги врвовите на секоја пиперка. Отстранете ја внатрешноста на пиперката и исчистете ја.

d) Во голем сад за матење измешајте ги сите останати состојки. Зачинете по вкус со сол и бибер.

e) Лабаво наполнете ги пиперките со смесата и наредете ги во тава за печење блиску една до друга.

f) Ставете 1 инч топла вода на дното на тавата.

g) Печете 45 минути.

h) Тргнете ја тавата од оган и послужете.

2. Завиткани ќофтиња со сланина

Принос: 10

Состојки

- 1 пакување (26 oz.) Ќофтиња

- 1 пакување сланина, исечкана на ленти

- 1 шише мед BBQ сос

Правци:

a) Загрејте ја рерната на 400 степени целзиусови.

b) Обложете го листот за печење од 17" x 11" со хартија за печење.

c) Околу секое ќофтиња завиткајте третина од парчето сланина и прицврстете со чепкалка за заби.

d) Завитканите ќофтиња ставете ги во еден слој на хартија за печење и печете 20-25 минути или додека сланината не се свари.

e) Извадете ги ќофтињата од тавата и премачкајте ги со медениот BBQ сос.

f) Карамелизирајте го BBQ сосот така што ќе ги вратите ќофтињата во рерна уште 5 минути.

3. Денот на благодарностаПолнети печурки

Принос: 4

Состојки

- 8 големи кремини или бели печурки
- ½ чаша оброк од пченка
- 1 шолја кокосово млеко
- 1 чаша рендана црвена цвекло
- ½ чаша сечкани моркови

Правци:

a) Отстранете ги стеблата од печурките, изматете ги со четка, измијте ги и ставете ги со кружна страна нагоре на плех за печење да се варат 5 минути на 475 степени Ф.

b) Комбинирајте ги стеблата од печурките, пченкарниот оброк, цвеклото, морковот и кокосовото млеко во процесор за храна.

c) Варете го филот 5 минути во мало тавче за пржење. Се пасира во паста.

d) Извадете ги капачињата од рерната и ставете по една топка од филот со лажица во секое капаче за печурки.

e) Загрејте ја рерната на 400°F и печете ги наполнетите капачиња со печурки 15 минути.

f) Извадете го од рерна, украсете со босилек и послужете веднаш.

4. Манчего Тортас со Чоризо

Принос: 16 порции

Состојки

- ½ шолја сечкани бадеми, препечени

- 2 лажици шери оцет

- ½ лажичка суво оригано

- ¼ лажичка сол

- ¼ лажичка мелена црвена пиперка

- 1 лажица чипот чиле

- 2 големи печени црвени пиперки, конзервирана

- 1 чешне лук

- ½ чаша екстра девствено маслиново масло

- 3 кругови сендвич од цело пченица

- 2 унци Манчего сирење, избричено

- 4 oz. Шпанско хоризо, исечено на 32 парчиња

- ⅓чаша листови од магдонос со рамни листови

Правци:

a) Загрејте ја рерната да се варат.

b) Пулсирајте ги првите 8 состојки (до лук) додека не се соединат добро.

c) Кога работи процесорот за храна, полека прелијте го маслото и обработете додека не се изедначи.

d) Користејќи остар тркалезен секач за колачиња, исечете 32 (1 1/4 инчи) кругови од круговите сендвичи.

e) Ставете го лебот на тава за печење во еден слој и рамномерно премачкајте со сирење.

f) Се вари 3 минути или додека кашкавалот не се стопи. Извадете го садот од рерната.

g) Додадете 1 парче хоризо, 1/4 лажичка ромеско и 1 лист магдонос на секоја.

5. Јаболка печени во рерна

Принос: 4

Состојки:
- 4 големи јаболка, со јадра
- 4 лажици кафеав шеќер
- 1 лажичка меласа blackstrap
- 1 лажица органски бел шеќер
- 1/8 лажичка цимет
- 1 лажичка кокосово масло
- 1/4 чаша ситно сечкани ореви
- 1 лажица мелени урми или суво грозје
- 1/4 чаша топла вода

Правци:
a) Во сад за матење измешајте ги сите состојки освен водата додека не се формира паста.

b) Наполнете ја тавата до половина со вода и додадете ги јаболката.

c) Ставете ја пастата во центарот на секое јаболко

d) Печете 30 минути на 350 степени F, проверувајќи ја нежноста со ражен.

e) Истурете ја течноста во тавче и со варење намалете ја во сируп.

f) Посипете ги јаболката со сирупот и послужете.

6. Печен фалафел

Принос: 8

Состојки

- 15-19 мл. може наут, исцеден

- 1 мал кромид, сецкан

- 2 чешниња лук, сецкани

- 1 лажица свеж магдонос сечкан

- 2 лажици универзално брашно

- 1 лажичка коријандер

- 1 лажичка ким

- 1/2 лажички прашок за пециво Сол и бибер

- 2 лажици маслиново масло

Правци:

a) Загрејте ја рерната на 350 степени целзиусови.

b) Измешајте ги сите состојки во процесор за храна за да добиете густа конзистентност слична на паста.

c) Се тркалаат во топчиња со големина на пинг-понг и се ставаат во сад за печење подмачкан со масло.

d) Печете 15-20 минути, прелистувајќи до половина.

7. Ќофтиња од брусница и чили

Принос: 8

Состојки

- 1 пакување (12 oz.) Италијански ќофтиња

- 16 oz. конзерви сос од брусница со желе

- 1/3 чаша чили сос

- 1 лажица Дижон сенф

Правци:

a) Во бавен шпорет загрејте ги сосот од брусница, чили сосот и сенфот Дижон.

b) Измешајте ги ќофтињата во сосот за да се премачкаат.

c) Гответе на високо ниво 3 до 4 часа или на тивко 5 до 6 часа. Послужете.

8. Енчиладас

Принос: 4

Состојки

- 1 ½ чаша Исечена, зготвена мисирка

- ¼ чаша сецкан зелен кромид

- 1 чаша Рендано џек сирење

- 4 oz. Сушени зелени чили

- ¾ чаша кисела павлака или обичен јогурт

- 2 лажици Масло

- ½ чаша сецкан кромид

- 1 чешне лук, мелено

- 2 лажички Чили во прав

- ⅔ чаша Сос од домати

- ½ чаша пилешка супа

- 1 кафена лажичка Ким

- ¼ лажичка сол, по желба

- 8 тортиљи од пченка

- Масло, дополнително сирење

- Авокадо за гарнир

Правци

a) Загрејте ја рерната на 375°F.

b) Истурете ја мисирка, зелениот кромид, сирењето, чилето и павлаката или јогуртот во сад за мешање и оставете ги настрана.

c) Во тавче или тавче во масло пропржете го кромидот додека едвај да омекне. Додадете го лукот и добро измешајте. 1 минута готвење

d) Додадете чили во прав, сос од домати, супа, ким и сол. Оставете да зоврие, повремено мешајќи. Тргнете ја тавата од оган.

e) Пржете тортиљи на масло додека не омекнат наместо крцкави.

f) Нанесете тенок слој од филот на секоја тортиља и свиткајте во ролна.

g) Во сад за печење, ставете ја цвест надолу. Продолжете со преостанатите тортиљи.

h) Одозгора премачкајте го преостанатиот сос и одозгора со дополнително сирење.

i) Печете 10-15 минути.

j) Послужете со авокадо како гарнир.

9. Мед балсамико ќофтиња

Принос: 6

Состојки

- 1 пакување (22 oz.) Италијански ќофтиња

- 1/2 чаша балсамико оцет

- 3/4 шолја кечап

- 1/2 чаша кафеав шеќер

- 1/4 чаша мед

- 1 лажица Вустершир сос

- 1 лажица Дижон сенф

- 1/4 лажичка лук во прав

- сол и црн пипер по вкус

Правци:

a) Комбинирајте балсамико оцет, кечап, кафеав шеќер, мед, Вустершир сос, Дижон сенф, лук во прав, сол и бибер во големо тенџере на средно-висока топлина. Оставете да зоврие, повремено мешајќи.

b) Варете 45 минути на тивок оган или додека сосот не се згусне и не го изгуби залакот од оцет.

c) Во меѓувреме подгответе ги ќофтињата според упатствата на пакувањето.

d) Сварените ќофтиња нежно измешајте ги во сосот за да се премачкаат.

e) Послужете со чепкалки за заби веднаш.

10. Печени семиња од сквош

Принос: 1 1/2 чаши

Состојки

- 2 чаши семки од сквош од желади со пулпа

- 1 лажица екстра девствено маслиново масло

- 1/2 лажичка крупна сол

Правци:

a) Загрејте ја рерната на 300 степени целзиусови.

b) Соединете ги сите состојки во голем сад за матење и распоредете ги во еден слој на плех обложен со пергамент.

c) Печете 50 до 60 минути, мешајќи на секои 15 минути, додека семките не станат крцкави и пулпата не се карамелизира.

d) Оставете да се излади целосно, а потоа послужете

11. Топки од спанаќ од компири

Принос: 24

Состојки

- 10 oz. сечкан спанаќ

- 3 чаши преостанати пире од компири

- 2 јајца

- 1/4 лажичка морско оревче

- 1/4 лажичка кајен пипер

- 1 чаша рендан пипер Џек сирење

- 1/2 чаша универзално брашно

- Сол и бибер по вкус

Правци:

a) Загрејте ја рерната на 450°F.

b) Комбинирајте ги компирите, спанаќот и јајцата во средна чинија додека не се изедначи. Зачинете со морско оревче и кајен пипер по вкус.

c) Истурете сирење и 4 лажици брашно. Мешајте додека не се вклопи целото брашно.

d) На чинија премачкајте го преостанатото брашно и зачинете со сол и бибер.

e) Направете топчиња од 1 инчи од смесата со спанаќ.

f) Топчињата премачкајте ги со брашно и ставете ги на подготвениот плех.

g) Изладете го садот во фрижидер 20 минути.

h) Извадете ги топчињата од фрижидер и лесно премачкајте ги со спреј за готвење.

i) Печете 12 до 14 минути или додека не порумена и зацврстат.

j) Послужете ги обичните, или попрскани со сок од лимон.

12. Шеќер и зачини ореви

Принос: 3 чаши

Состојки

- 1 шолја индиски ореви

- 1 чаша половини пекан

- 1 чаша суви печени кикиритки

- 1 белка, малку изматена

- 1/4 чаша спакуван светло-кафеав шеќер

- 1/2 лажичка мелен цимет

- 1/4 лажичка мелен црвен пипер

- 1/2 чаша сушени брусница

Правци:

a) Загрејте ја рерната на 325°F.

b) Со помош на спреј за готвење, обложете го листот за печење со обраб.

c) Комбинирајте индиски ореви, пекан и кикирики во голем сад за мешање. Фрлете ја белката за рамномерно да ги премачкате оревите.

d) Во смесата со јаткасти плодови додадете шеќер, цимет и мелен црвен пипер. Мешајте додека сите ореви не се рамномерно обложени, а потоа распоредете ги на плехот во еден слој.

e) Печете 18 до 20 минути, мешајќи до половина. Оставете да се излади.

f) Истурете ги сувите брусница со оревите и сервирајте веднаш.

13. Ролни со сланина игла со тркала

Принос: 12

Состојки

- 1 (8-унца) пакување ролни полумесечина
- 1/4 чаша парчиња сланина
- 2 млад кромид, тенко сецкани
- Пармезан за посипување

Правци:

a) Загрејте ја рерната на 375°F.

b) Расукајте го тестото и спојте ги шевовите.

c) Распоредете ги парчињата сланина и кромидот врз тестото.

d) Се тркалаат и се сечат на парчиња дебели 1 инчи.

e) Ставете ја исечената страна надолу на намачкан плех за печење.

f) Печете 9 до 11 минути или додека не порумени одозгора.

g) Извадете го листот за печење од рерната и одозгора со сирење.

h) Послужете веднаш.

14. Предјадење со веганска салата од целер

Принос: 4

Состојки

- 1 чаша тенки сечкани стебленца целер
- 1 лажица мелени кисели краставички
- 1 лажица вегански мајонез
- $\frac{1}{4}$ чаша црни маслинки
- 1 лажица каперси
- Црн пипер по вкус

Правци:

a) Во голем сад за матење измешајте ги сите состојки до конзистентност како паста.

b) Лажица една лажица од смесата се става на крекер или лист зелена салата.

c) Додадете маслинка во крекерот или превртете го листот зелена салата над салатата од целер и прицврстете го со чепкалка за заби.

d) Послужете на голема чинија.

15. Римски чипс од компири

Принос: 8 порции

Состојки

- 1 (8-унца) чипс од компири

- 1 1/2 чаши пекорино, ситно изрендан

- 1 лажица мелен црн пипер

Правци:

a) Загрејте ја рерната на 425 степени целзиусови.

b) Наредете го чипсот во еден слој на оклопен плех.

c) Рамномерно посипете половина од сирењето над чипсот.

d) Печете 4 минути или додека кашкавалот не се стопи и чипсот штотуку не почне да се бои околу рабовите.

e) Извадете го од рерна и одозгора со преостанатото сирење и бибер.

f) Оставете го на страна да се излади пред да го префрлите во сад за сервирање.

16. Каснувања од пенливи брусница и бри

Принос: 16 каснувања

Состојки

- 2 чаши свежи брусница, исплакнати

- 1 чаша добар јаворов сируп

- 1 чаша гранулиран шеќер

- 16 крекери за вода

- 8 унци бри сирење

- 1/2 чаша вкус од брусница

- Свежо нане, за гарнир

Правци:

a) Во мало тенџере загрејте го сирупот и одозгора прелијте ги брусниците.

b) Со помош на лажица, нежно завртете за да ги премачкате сите бобинки. Оставете да се излади, покријте и киснете преку ноќ во фрижидер.

c) Следниот ден исцедете ги брусниците во цедалка.

d) Половина од брусницата превртете ја во шеќер додека не се покрие лесно; повторете со преостанатите брусница.

e) Ставете го на плех и оставете го еден час да се исуши.

f) За конструкција, врз крекерите ставете едно парче Бри, лесен слој чатни од брусница и четири или пет зашеќерени брусници.

g) Додадете свежи гранчиња нане како гарнир.

17. Смокви со сланина и Чиле

Принос: 8

Состојки

- 5 унци плоча сланина, исечена

- 3 лажици чист јаворов сируп

- 8 зрели свежи смокви преполовени по должина

- 2 лажици шери оцет

- 1/2 лажичка мелени снегулки црвен пипер

Правци:

a) Во голема нелеплива тава, варете парчиња сланина додека не станат кафеави и остри, околу 8-10 минути. Стави на страна.

b) Загрејте го јаворов сируп во истата тава на средно-силен оган.

c) Ставете ги смоквите во еден слој на тавата, со исечена страна надолу.

d) Гответе околу 5 минути, вртејќи редовно, додека смоквите малку не омекнат и карамелизираат.

e) Ставете ги смоквите со исечената страна нагоре на сад и притиснете парчиња сланина на површината на секоја смоква.

f) Додадете сланина, бибер снегулки и оцет, мешајќи да се вклопи.

g) Оставете го на тивок оган и варете со постојано мешање околу 1 минута.

18. Пржени топчиња од пире од компири

Принос: 5

Состојки

- 3 чаши преостанати пире од компири

- 3 парчиња сланина, варена и распарчена

- 2/3 чаши рендано чедар сирење

- 2 лажици тенко сецкан млад лук

- 1/2 лажички лук во прав

- Кошер сол

- Свежо мелен црн пипер

- 2 јајца, изматени

- 1 1/3 в. лебни трошки од панко

- Растително масло, за пржење

Правци:

a) Во голема чинија за мешање, зачинете ги со сол и бибер, фрлете пирени компири со варена сланина, чедар, млад лук и лук во прав.

b) Мешајте додека не се соединат сите состојки.

c) Одделете ги јајцата и панко во мали чинии.

d) Извадете топчиња од 1" до 2" од смесата од пире од компири и превртете го тестото во топка во рацете, а потоа издлабете јајце и панко.

e) Во голема тава од леано железо, загрејте 3" масло додека термометарот за бонбони не покаже 375°.

f) Пржете ги топчињата од компир додека не порумен ат од сите страни, околу 2 до 3 минути.

g) Исцедете го на чинија обложена со хартиена крпа и зачинете со дополнителна сол.

19. Каснувања од сладок компир

Принос: 6--8

Состојки

- 4 слатки компири, излупени и исечени

- 2 лажици стопен путер

- 1 лажичка јаворов сируп

- Кошер сол

- 1 (10 oz.) кесички бел слез

- 1/2 в. половини пекан

Правци:

a) Загрејте ја рерната на 400 степени целзиусови.

b) Истурете слатки компири со стопен путер и јаворов сируп на голем плех и наредете ги во рамномерен слој. Зачинете со сол и бибер.

c) Печете додека не омекне, околу 20 минути, прелистувајќи до половина. Отстрани.

d) Секој круг од слаткиот компир ставете го со бел слез и варете 5 минути.

e) Послужете веднаш со половина пекан врз секој бел слез.

20. Текс-Мекс Силен пченкарен леб

Принос: 8

Состојки

- 1/2 чаша стопен путер

- 1 в. матеница

- 1/4 в. мед

- 2 големи јајца

- 1 в. брашно за сите намени

- 1 в. жолто пченкарно брашно

- 2 1/2 лажички прашок за печиво

- 1/4 лажички кошер сол

- 6 oz. бибер џек сирење, на коцки

- Свежо сечкан власец, за гарнир

Правци:

a) Подмачкајте со путер тавче од 10 или 12 инчи за рерна и загрејте ја рерната на 375°.

b) Во средна чинија за матење изматете ги матеницата, стопениот путер, медот и јајцата.

c) Измешајте брашно, пченкарно брашно, прашок за пециво и сол во голем сад за мешање. Истурете ги влажните состојки врз сувото и изматете додека сѐ добро не се изедначи.

d) Намачкајте половина од тестото за пченкарно лебче во претходно загреаното тавче и рамномерно посипете пипер џек сирење одозгора.

e) Прелијте го преостанатото тесто врз сирењето, измазнувајќи го рамномерно.

f) Печете 25 до 30 минути или додека не поруменат и сварат.

g) Оставете да се излади во тавче 5 минути пред да украсите со власец и исечете ги на квадрати.

21. Ражничи со тортелини од сирење

Принос: 8

Состојки

- 1 пакување (12 oz.) Сирење тортелини
- 1 чаша чери домати
- 1 чаша свежи топчиња од моцарела
- 1/4 килограм салама, тенко исечена
- 1/4 чаша свежи листови босилек
- Цртичка балсамико глазура
- 8 дрвени раженчиња

Правци:

a) Доведете големо тенџере со вода да зоврие, а потоа варете ги тортелините според упатствата на пакувањето.

b) Сварените тортелини ставете ги во цедалка и покријте ги со ладна вода додека не добијат собна температура.

c) Прободете го секој предмет на раженот и лизнете го надолу до дното на раженот.

d) Непосредно пред послужување, наредете ги раженчињата во чинија и наросете ги со глазурата балсамико.

22. Леб со ќофтиња во тоскански стил

Принос: 4

Состојки

- 1 пакување (16 oz.) Телешко ќофтиња

- 4 занаетчиски кори за леб

- 4 чешниња лук, мелено

- 1 чаша тенко сецкан црвен кромид

- 2 шолји сос од маринара

- 1 лажица маслиново масло

- 1 лажичка сув италијански зачин

- 10 oz. свежи трупци од моцарела, исечени

- 4 oz. полномасно млеко рикота сирење

- 4 лажици тенко исечен свеж босилек

Правци:

a) Загрејте ја рерната на 425 степени целзиусови.

b) Сварете ги ќофтињата според упатствата на пакувањето и потоа оставете ги на страна.

c) Загрејте го маслиновото масло во голема тава за динстање на средна топлина, потоа додадете го црвениот кромид и лукот и варете, повремено мешајќи, 4-5 минути, додека не стане транспарентен и мирисна.

d) Подгответе го лебот на плех обложен со хартија за печење.

e) Рамномерно намачкајте 1/2 шолја маринара сос на секое тесто за леб, а потоа зачинете со сув италијански зачин.

f) Ставете по 5-6 парчиња моцарела на секој леб.

g) Сварените ќофтиња исечкајте ги на кругови и подеднакво распоредете ги по секој леб. Поделете го црвениот кромид и лукот на ќофтињата.

h) Печете рамни лебови 8 минути. Извадете ги рамните лебови од рерната и намачкајте ги по 4 лажици рикота сирење, а потоа вратете ја во рерна уште 2 минути за да се загрее рикотата.

i) Извадете го лебот од рерна, покријте го со свеж босилек и оставете го на страна 2 минути да се излади.

j) Исечете и послужете веднаш.

23. Каснувања од печени равиоли

Принос: 4

Состојки

- 1 пакување (24 oz.) Равиоли со тркалезни сирење

- 1 шолја универзално брашно

- 2 цели јајца

- 1 лажичка 2% млеко

- 2 чаши зачинети презла

- спреј за готвење

- свеж пармезан за украс

- Факултативни сосови за сервирање: маринара, ранч, сос од пица, песто, сос од вотка.

Правци:

a) Загрејте ја рерната на 450 степени целзиусови.

b) Гответе ги равиолите според упатствата на пакувањето.

c) Премачкајте ја решетката со спреј за готвење и ставете ја на плех.

d) Во мал сад за матење измешајте ги брашното, јајцето и млекото; во посебен мал сад за матење измешајте ги презла.

e) Сите равиоли изматете ги во брашно и истресете го вишокот брашно. После тоа, премачкајте ги набрашнета равиоли во смесата со изматени јајца.

f) На крајот, равиоли се тркалаат во презла. Попрскајте ги двете страни на панираните равиоли со спреј за готвење пред да ги ставите на решетка.

g) Печете ги панираните равиоли 20-25 минути или додека не порумгнат и не станат крцкави.

h) Извадете ја од рерната и послужете веднаш.

24. Лизгачи за ќофтиња за тост од лук

Принос: 8

Состојки

- 1 пакување (26 oz.) Италијански ќофтиња

- 1 тегла маринара сос

- 1 пакување замрзнат тексашки тост

- 1 пакување исечено моцарела сирење

- 8 листови свеж босилек - сецкани

Правци:

a) Загрејте ја рерната на 400 степени целзиусови.

b) Печете парчиња тост од Тексас 4 минути на плех.

c) Извадете го полупечениот тост од рерната и на секоја кришка намачкајте по 2 лажици сос од маринара, а потоа 6 ќофтиња и парче сирење моцарела. Чувајте го на место со помош на ражен.

d) Печете уште 6 минути.

e) Секое парче исечете го на половина и посипете со листови босилек.

f) Послужете веднаш.

25. Ситни ранч свињи во ќебе

Принос: 16

Состојки:

- 1 (8 oz.) конзерва тесто полумесечина

- 16 Smokies колбаси

- 8 парчиња благо чедар сирење, исечени на четвртини

- 4 лажици солен путер, стопен

- 2 лажички мешавина за зачини за сув ранч

- 3 лажици рендан пармезан

Правци:

a) Загрејте ја рерната на 400 степени целзиусови.

b) Со помош на хартија за печење, обложете голем плех за печење.

c) Со сукало одвојте ги триаголниците од тестото за ролна полумесечина.

d) За да направите 16 помали триаголници, пресечете го секој триаголник на половина.

e) Свиткајте малку квадрат сирење, прелиено со колбас, почнувајќи од поголемиот крај на секој триаголник. Се редат на плех.

f) Комбинирајте ги зачините за путер и ранч во мала чинија. Намачкајте ги со путер врвовите на полумесечините од тестото

g) Одозгора со посипување пармезан.

h) Печете 14-16 минути или додека тестото не порумени и добро сварено. Послужете веднаш!

26. Тенџере за закуска со зелени протеини

Состојки:

- 8 oz. едамам грав, замрзнат.

- 8 oz. грашок, замрзнат.

- 4 лажици сусам.

- 4 лажици соја сос (низок натриум).

- Чили сос по желба, по вкус.

- Цилантро, по избор.

Правци:

a) Ставете го замрзнатиот грашок и едамаме во сад за микробранова печка. Вклучете прскање вода и одмрзнете го во микробранова печка околу 30 секунди за да дојде до собна температура.

b) Во мал сад, тенџере или контејнер ставете ги семките заедно со грашокот и гравот.

c) Промешајте ги соја сосот, чили и цилинтро пред јадење. Уживајте!

27. Каснувања од мафини од киноа

Состојки:

- 1 1/2 шолји подготвена киноа.

- 2 јајца, изматени.

- 1/2 чаша пире од сладок компир.

- 1/2 чаша црн грав.

- 1 лажица сецкан цилинтро.

- 1 лажичка ким.

- 1 лажичка пиперка.

- 1/2 лажичка лук во прав.

- 1/2 лажичка сол.

- 1/8 лажичка црн пипер.

- Спреј за готвење.

Правци:

a) Загрејте ја рерната на 350° F. додадете ги сите состојки во голем сад и мешајте додека сè не се соедини.

b) Ставете ја смесата во калапи за мафини со помош на лажица и тапкајте го горниот дел од секоја. Печете додека не се зготви и држете заедно околу 15-20 минути.

28. Вегански протеински барови

Состојки:

- 1/3 чаша амарант.

- 3 лажици ванила или без вкус на вегански протеин во прав.

- 1 1/2-2 лажици јаворов сируп.

- 1 чаша кадифено солени путер од кикирики или бадеми

- 2-3 лажици стопено темно веганско чоколадо.

Правци:

a) Направете го вашиот амарант со загревање на големо тенџере на средно-висока топлина.

b) Додадете путер од кикирики или бадем и јаворов сируп во средна чинија за мешање и измешајте за да се интегрираат.

c) Додадете протеин во прав и измешајте.

d) Вклучете малку по малку пукан амарант додека не добиете лабава текстура „тесто". Бидете внимателни да не внесувате премногу или шипките може да ја изгубат својата лепливост и нема да се држат заедно.

e) Префрлете ја смесата во садот за печење и притиснете надолу за да формирате рамномерен слој. Поставете пергаментна хартија или пластична фолија одозгора и употребете работи со рамно дно, како што е чаша за мерење течност за да притиснете надолу и да ја ставите смесата во рамномерен, силно спакуван слој.

f) Префрлете го во замрзнувач за да се стегне 10-15 минути или додека не го допрете друштвото. Потоа подигнете го и исечете го на 9 ленти. Уживајте како што е или прелијте со малку растопено темно чоколадо.

g) Овие стануваат малку меки на ниво на собна температура, затоа чувајте ги во фрижидер (приближно 5 дена) или во замрзнувач.

29. Каснувања од PB и J Energy

Состојки:

- 1/2 чаша кадифено солено путер од кикирики.

- 1/4 чаша јаворов сируп.

- 2 лажици вегански протеин во прав.

- 1 1/4 чаша валани овес без глутен.

- 2 1/2 лажици оброк од ленено семе.

- 2 лажици чиа семе.

- 1/4 чаша сушено овошје.

Правци:

a) Во голема чинија за мешање, вклучете путер од кикирики, јаворов сируп и протеински прав, валани овес, оброк од ленено семе, семе од чиа и суво овошје. Ако е премногу сув/ронлив, вклучете повеќе путер од кикирики или јаворов сируп.

b) Оставете го во фрижидер 5 минути. Извадете 1 1/2 лажици и превртете ги во топчиња. „Тестото" мора да даде околу 13-14 топчиња.

c) Веднаш уживајте и чувајте ги добро затворените остатоци во фрижидер 1 недела или во замрзнувач приближно 1 месец.

30. Хумус од печен морков

Состојки:

- 1 конзерва наут, исплакнат и исцеден.

- 3 моркови.

- 1 чешне лук.

- 1 лажичка пиперка.

- 1 наполнета лажица таан.

- Сок од 1 лимон

- 2 лажици дополнително девствено маслиново масло.

- 6 лажици вода.

- 1/2 лажичка ким во прав.

- Сол по вкус.

Правци:

a) Загрејте ја рерната на 400° F. Измијте ги и излупете ги морковите и исечете ги на мали парчиња, ставете ги на плех со малку маслиново масло, малку сол и половина лажичка пиперка. Печете околу 35 минути додека морковот не омекне.

b) Извадете ги од рерна и оставете ги да се изладат.

c) Додека се ладат, подгответе го хумусот: леблебијата измијте ја и исцедете ја добро и ставете ја во мелница за храна со останатите активни состојки и постапете додека не видите добро соединета смеса. Потоа додадете ги морковите и лукот и повторно постапете!

31. Надуен бар со киноа

Состојки:

- 3 лажици кокосово масло.

- 1/2 чаша сурово какао во прав.

- 1/3 чаша јаворов сируп.

- 1 лажица таан

- 1 лажичка цимет.

- 1 лажичка ванила во прав.

- Морска сол.

Правци:

a) Во мала тава на средно-тивок оган, растопете ги кокосовото масло, сировото какао, таан, циметот, јаворовото море, сирупот и солта од ванила заедно додека не заврши како погуста чоколадна смеса.

b) Над распуканата киноа ставете го чоколадниот прелив и убаво измешајте. Истурете голема лажица од чоколадните крцкави во мали чаши за печење.

c) Ставете ги во замрзнувач минимум 20 минути да се стегнат. Чувајте го во замрзнувач и уживајте!

32. Натопи со гранатирана едама

Состојки:

- 1/2 чаша сецкан црвен кромид.

- Сок од 1 лимета.

- Морска сол.

- Грст цилинтро.

- Домати исечени на коцки (по избор).

- Чили снегулки.

Правци:

a) Само пулсирајте го кромидот во блендер неколку секунди. Потоа додадете го остатокот од активните состојки и пулсирајте додека едамамот не се соедини во големи делови.

b) Уживајте во намаз на тост, за сендвич, како натопување или како песто сос!

33. Мача индиски чаши

Состојки:

- 2/3 шолја какао путер.

- 3/4 шолја какао во прав.

- 1/3 чаша јаворов сируп.

- 1/2 шолја путер од кашу, или кој било што сакате.

- 2 лажички мача во прав.

- Морска сол.

Правци:

a) Наполнете малку тавче со 1/3 чаша вода и ставете сад на врвот, покривајќи ја тавата. Откако садот ќе се загрее, а водата долу ќе зоврие, растопете го какао путерот во садот, вклучете го огнот и. Откако ќе се стопи, тргнете го од оган и измешајте ги јаворов сируп и какао во прав неколку минути додека чоколадото не се згусне.

b) Користејќи држач за кекси со средна големина, пополнете го долниот слој со дарежлива лажица чоколадна смеса. Кога ќе ги наполните сите држачи за кекси, ставете ги во замрзнувач 15 минути за да се стегнат.

c) Извадете го замрзнатото чоколадо од замрзнувачот и ставете 1 лажица тесто од мача/путер од кашу врз замрзнатиот чоколаден слој. Веднаш штом ќе го направите ова, прелијте ја преостанатото растопено чоколадо врз секоја кукла за да покрие што и да е. Посипете со морска сол и оставете го да отстои во замрзнувач 15 минути.

34. Парчиња чоколадо наут

Состојки:

- 400 гр лименка наут, исплакнат, исцеден.

- 250 г путер од бадем.

- 70 ml јаворов сируп.

- 15 ml паста од ванила.

- 1 прстофат сол.

- 2 g прашок за пециво.

- 2 g сода бикарбона.

- 40 гр вегански чоколадни чипови.

Правци:

a) Загрејте ја рерната на 180°C/350°F.

b) Намачкајте голема тава за печење со кокосово масло.

c) Во блендер за храна измешајте наут, путер од бадем, јаворов сируп, ванила, сол, прашок за пециво и сода бикарбона.

d) Блендирајте додека не се израмни. Измешајте половина од чоколадните чипови намачкајте го тестото во подготвената тава за печење.

e) Посипете со резервирани чоколадни парчиња.

f) Печете 45-50 минути или додека вметната чепкалка за заби не излезе чиста.

g) Се лади на решетка 20 минути. Исечете и послужете.

35. Барови со банани

Состојки:

- 130 гр мазен путер од кикирики.

- 60 ml јаворов сируп.

- 1 банана, испасирана.

- 45 ml вода.

- 15 g мелено ленено семе.

- 95 гр варена киноа.

- 25 g чиа семе.

- 5 ml ванила.

- 90 гр овес за брзо готвење.

- 55 гр интегрално брашно.

- 5 g прашок за пециво.

- 5 г цимет.

- 1 прстофат сол.

Прелив:

- 5 мл стопено кокосово масло.

- 30 гр веганска чоколада, исечкана.

Правци:

a) Загрејте ја рерната на 180°C/350°F.

b) Обложете го садот за печење од 16 см со хартија за печење.

c) Комбинирајте ленено семе и вода во мал сад. Оставете го настрана 10 минути.

d) Во посебен сад измешајте путер од кикирики, јаворов сируп и банана. Преклопете ја смесата со ленено семе.

e) Откако ќе добиете изедначена смеса, измешајте ги киноата, чиа семето, екстрактот од ванила, овесот, интегралното пченично брашно, прашокот за пециво, циметот и солта.

f) Истурете го тестото во подготвен сад за печење. Се сече на 8 решетки.

g) Печете ги решетките 30 минути.

h) Во меѓувреме направете го преливот; комбинирајте чоколадо и кокосово масло во сад отпорен на топлина. Поставете над зовриена вода, додека не се стопи.

i) Извадете ги решетките од рерната. Ставете го на решетка 15 минути да се излади. Отстранете ги решетките од садот за печење и прелијте ги со чоколаден прелив. Послужете.

36. Протеински крофни

Состојки:

- 85 гр кокосово брашно.

- 110 гр протеински прав од ртење кафеав ориз со вкус на ванила.

- 25 гр бадемово брашно.

- 50 гр јаворов шеќер.

- 30 мл стопено кокосово масло.

- 8 g прашок за пециво.

- 115 мл млеко од соја.

- 1/2 лажичка јаболков оцет.

- 1/2 лажичка паста од ванила.

- 1/2 лажичка цимет.

- 30 ml органски сос од јаболка.

Дополнителни:

- 30 гр кокос шеќер во прав.

- 10 гр цимет.

Правци:

a) Во сад измешајте ги сите суви состојки.

b) Во посебен сад изматете го млекото со сосот од јаболка, кокосово масло и јаболков оцет.

c) Свиткајте ги влажните состојки на суви и мешајте додека не се изедначат темелно.

d) Загрејте ја рерната на 180 ° C/350 ° F и намачкајте ја тавата за крофни со 10 дупки.

e) Подготвеното тесто ставете го со лажица во подмачкана тава за крофни.

f) Печете ги крофните 15-20 минути.

g) Додека крофните се уште се топли, посипете ги со кокос шеќер и цимет. Послужете топло.

37. Топчиња од бадеми за колачиња

Состојки:

- 100 гр оброк од бадеми.

- 60 гр протеин од ориз со вкус на ванила.

- 80 гр путер од бадем или кој било путер од јаткасто овошје.

- 10 капки стевиа.

- 15 ml кокосово масло.

- 15 гр крем од кокос.

- 40 гр вегански чоколадни чипови.

Правци:

a) Комбинирајте бадемово брашно и протеински прав во голем сад.

b) Преклопете со путер од бадем, стевиа, кокосово масло и кокос крем.

c) Ако смесата е премногу ронлива, додадете малку вода. Преклопете сечкана чоколада и мешајте додека не се соедини.

d) Од смесата обликувајте 16 топчиња.

e) Можете дополнително да ги валкате топчињата во бадемово брашно.

38. Мед-сусам тофу

Состојки:

- Екстра-цврсто тофу од 12 унци, исцедено и исушено.

- Масло или спреј за готвење.

- 2 супени лажици соја сос или тамари со намален натриум.

- 3 чешниња лук, мелено.

- 1 Лажичка мед.

- 1 лажица рендан излупен свеж ѓумбир.

- 1 лажичка препечено масло од сусам.

- 1 фунта боранија, исечена.

- 2 лажици маслиново масло.

- 1/4 лажичка снегулки црвен пипер (по избор).

- Кошер сол.

- Ново мелен црн пипер.

- 1 среден кромид, многу ситно исечкан.

- 1/4 лажичка семе од сусам.

Правци:

a) Оставете го настрана 10 до 30 минути. Изматете го соја сосот или тамарите, лукот, медот, ѓумбирот и маслото од сусам заедно во голема чинија; Стави на страна.

b) Исечете го тофуто на триаголници и ставете го во еден слој на едната половина од подготвениот лист за печење. Посипете со смесата од соја сос. Печете до златно-кафеава боја на дното, 12 до 13 минути.

c) Свртете го тофуто. На другата половина од плехот ставете ги боранија во еден слој. Посипете со маслиново масло и попрскајте ги со снегулките од црвена пиперка; зачинете со сол и бибер.

d) Вратете ја во рерна и печете додека тофуто не порумени од втората страна, уште 10 до 12 минути. Посипете со кромидот и сусамот и послужете веднаш.

39. Зачинети кисела пиперка

Состојки

- 4 чаши бел вински оцет

- 2 лажици мед

- 1 лажичка бобинки од смрека

- 1 лажичка цели каранфилче

- 2 лажички зрна црн пипер

- 2 суви ловорови листови

- 3/4 фунта чилес Фресно (црвени пиперки халпењо), исплакнати, стеблата оставени на

Правци

a) Во средно тенџере измешајте ги оцетот, медот, бобинките од смрека, каранфилчето, биберот и ловоровите листови и доведете ја течноста да зоврие на силен оган. Намалете ја топлината и динстајте ја саламурата 10 минути за да се спојат вкусовите. Додадете ги чилите и зголемете ја топлината за да ја вратите саламурата да зоврие. Намалете ја топлината и динстајте ги чилите додека малку да омекнат, но сепак да ја задржат својата форма, 4 до 6 минути.

b) Исклучете го огнот и оставете ги чилите настрана да се изладат во саламура. Користете ги чилите или префрлете ги заедно со течноста за солење во херметички сад и ставете ги во фрижидер до неколку недели.

40. Скуола ди пица

Правци

a) Изберете која пица сакате да ја направите и подгответе ги сите потребни состојки.

b) Извадете ги решетките од рерната и ставете камен за пица на подот од рерната. Каменот за пица ја апсорбира и рамномерно ја дистрибуира топлината, што ви помага да постигнете јасна кора. Купете квалитетен камен кој нема да пука од голема топлина. Во штипка, користете ја долната страна на дебел плех за печење.

c) Загрејте ја рерната и каменот на 500°F, или онолку колку што ќе ви биде жешка рерната, најмалку 1 час.

d) Создадете станица за пица која вклучува чинии полни со маслиново масло, кошер сол и состојки потребни за да ги направите пиците што сте ги избрале.

e) Подгответе сад со брашно за бришење прашина од вашиот маса.

f) Подгответе сад со гриз за бришење на корта од пицата, алатка со долга рачка и голема, рамна метална или дрвена површина за лизгање на пиците во и надвор од рерната.

g) Кога вашето тесто е готово, обилно набрашнете ја работната површина и ставете еден круг тесто во центарот на набрашнета површина. Посипете го тестото лесно со брашно.

h) Користејќи ги врвовите на прстите како да чукате на копчињата на клавирот, нежно допрете на центарот на тестото за малку да го израмните, оставајќи раб од 1 инчи недопрен.

i) Соберете го тестото, топчете ги двете тупаници и со тупаниците свртени кон телото, поставете го горниот раб од тестото на тупаниците така што кругот се протега надолу кон грбот на рацете, подалеку од нив.

j) Движете го кругот на тестото околу тупаниците како стрелките на часовникот, така што тестото продолжи да се протега надолу во круг.

k) Кога тестото ќе се истегне до дијаметар од околу 10 инчи, поставете го на површината со прашина од брашно.

l) Намачкајте го работ на тестото со маслиново масло и посипете кошер сол преку површината на тестото.

m) Облечете ја пицата, внимавајќи да оставите раб од 1 инчи без сос или прелив околу работ.

n) Посипете ја корaта од пица со гриз и со едно одлучно туркајте ја лушпата од пицата под пицата. Помалку е веројатноста да го раскинете или погрешите тестото со едно добро туркање на кората отколку неколку пробни туркања. Преобликувајте ја пицата на кора ако ја изгубила формата. Нежно протресете ја кората за да одредите дали тестото лесно ќе се ослободи во рерната.

Доколку се лепи за кората, внимателно подигнете ја едната страна од тестото и фрлете уште малку гриз под него. Направете го тоа од неколку различни агли додека не остане гриз под целата кора.

o) Отворете ја вратата од рерната и ставете го тестото на претходно загреаниот камен за пица. Повторно движете се решително, повлечете ја кората кон себе за да ја оставите пицата на каменот.

p) Печете ја пицата додека не порумени и корнизот, или ободот, не биде крцкав и блистер, 8 до 12 минути. Времето на готвење варира во зависност од моќноста на вашата рерна.

q) Додека пицата е во рерна, оставете простор на чиста, сува даска за сечење или ставете алуминиумска пица круг на пултот за да ја ставите печената пица.

r) Кога пицата е готова, излизгајте ја кората под кората, извадете ја од рерната и ставете ја на даската за сечење или круг.

s) Користете тркалачки секач за пица за да ја исечете пицата. Нашиот го сечеме на четири клинови во Пицерија, но за забави често ги сечеме на шест или осум клинови за секој од гостите да добие по едно парче пица додека е жешко.

41. Бурикота со пеперовата и оригано

прави 1 пица

Состојки

- 1 круг тесто за пица

- 1 лажица екстра девствено маслиново масло

- Кошер сол

- 1 шолја пеперoната

- 4 унци бурикота, исечена на 4 еднакви сегменти или свежа рикота

- 1 лажичка листови свежо оригано

- екстра девственото маслиново масло

- 1 лажица морска сол

Правци

a) Подгответе го и развлечете го тестото и загрејте ја рерната.

b) Намачкајте го работ на тестото со маслиново масло и зачинете ја целата површина со сол. Намачкајте ја пеперона врз пицата, оставајќи раб од 1 инчи без прелив. Ако користите рикота, ставете ја во сад и енергично измешајте ја за да се разбранува.

c) Ставете по еден сегмент од бурикота или ставете ја рикотата со лажица во секој квадрант од пицата. Лизнете ја пицата во рерната и печете додека кората не станг златно кафеава и крцкава, 8 до 12 минути. Извадете ја пицата од рерната и исечете ја на четвртинки, внимавајќи да не го исечете сирењето.

d) Расфрлете ги листовите од оригано врз пицата, прелијте го сирењето со висококвалитетно маслиново масло, посипете со морска сол и послужете.

42. Компири, јајца и сланина

Состојки

- 3 унци мали јукон златни компири (околу 1 1/2 компири)

- 1 круг тесто за пица

- 1 лажица екстра девствено маслиново масло

- Кошер сол

- 2 унци моцарела со ниска влажност, исечена на коцки од 1/2 инчи

- 3 унци рендан сотоценер на тартуфо

- Фонтина од 1 унца, исечена на коцки од 1/2 инчи

- 4 млад кромид, тенко сецкани

- 2 дебели парчиња сланина чадена од јаболко дрво

- 1 1/2 лажички свежи листови од мајчина душица

- 1 екстра големо свежо јајце за фарма

- Ронлива морска сол

Правци

a) Компирите се варат на пареа додека не се прободат лесно со вилушка, околу 20 минути. Извадете ги компирите и оставете ги на страна додека не се изладат доволно за да се допрат. Со мал, остар нож отстранете ја кората од компирот и фрлете ги лушпите.

b) Исечете ги компирите на кругови со дебелина од 1/4 инчи и ставете ги во мала чинија. Користете ги компирите или оставете ги на страна да се изладат на собна температура, префрлете ги во херметички сад и ставете ги во фрижидер до два дена.

c) Подгответе го и развлечете го тестото и загрејте ја рерната.

d) Намачкајте го работ на тестото со маслиново масло и зачинете ја целата површина со сол. Расфрлете ги моцарелата, сотоценерите и коцките фонтина на површината на пицата.

e) Распрснете ги парчињата лук над сирењата, поставете ги парчињата компири врз кромидот и посипете ги парчињата компири со сол. Исечете ги парчињата сланина на половина попречно и ставете по една половина на секој квадрант од пицата. Над пицата посипете 1 лажичка од листовите мајчина душица и ставете ја пицата во рерна 5 минути или додека пицата не се свари до половина. Искршете го јајцето во мал сад,

112

извадете ја пицата од рерната и лизнете го јајцето на центарот на пицата. Вратете ја пицата во рерна додека кората не порумени, 5 до 7 минути. Извадете ја пицата од рерната и исечете ја на четвртинки, застанете на работ на јајцето за да остане недопрена и внимавајте на секое парче пица да добие парче сланина.

f) Посипете го јајцето со морската сол, посипете ги преостанатите листови мајчина душица врз пицата и послужете.

43. Стракино со артишок, лимон и маслинки

Состојки

За артичоките

- 1 лимон

- Бебешки артишок од 4 унци (2 до 3 артичоки)

- 1 лажица екстра девствено маслиново масло

- 1 лажица тенко исечени листови од свеж италијански магдонос

- 1 големо чешне лук, ситно сецкан

За пицата

- 1 круг тесто за пица

- 1 лажица екстра девствено маслиново масло

- Кошер сол

- 2 унци Stracchino, искинати на мали парчиња

- 1/2 унца моцарела со ниска влажност, исечена на коцки од 1/2 инчи

- 1 унца маслинки Taggiasche или Niçoise без јами

- 1 лажичка тенко исечени листови од свеж италијански магдонос

- 1 лимон

- Клин од Parmigiano-Reggiano, за решетка

- 1/2 чаша лабаво спакувана рукола (по можност дива рукола)

Правци

a) За да ги подготвите артишокот, наполнете голем сад со вода. Исечете го лимонот на половина, исцедете го сокот во водата и испуштете ги половините од лимонот во водата.

b) Отстранете ги надворешните листови од артишокот додека не останат само светло зелените центри. Исечете ги цврстите краеви на стеблото, оставајќи закачени 1 или 2 инчи. Со помош на машина за лупење зеленчук или мал остар нож, избричете ги стеблата на артишокот, откривајќи ги светло зелените внатрешни стебла. Исечете 1/2 инчи до 3/4 инчи од врвните краеви на листовите за да имаат рамни врвови и фрлете ги сите исечени лисја и парчиња.

c) Исечете над дното за да ги ослободите сите листови, отплеткајте ги листовите и ставете ги во закиселената вода за да спречите да станат кафени. Стеблата ситно исечкајте ги и додајте ги во закиселената вода. За да ги подготвите артишокот однапред, префрлете ги, заедно со закиселената вода, во херметички контејнер и чувајте ги во фрижидер додека не сте подготвени да ги користите или до два дена. Исцедете ги листовите и стеблата. Исушете го садот и вратете ги артичоките во садот. Додадете ги маслиновото масло, магдоносот и лукот и фрлете ги да ги премачкате артичоките со зачините.

d) За да ја подготвите пицата, подгответе го и развлечете го тестото и загрејте ја рерната.

e) Намачкајте го работ на тестото со маслиново масло и зачинете ја целата површина со сол. Расфрлете ги листовите од артишок преку површината на пицата за да се покрие, оставајќи 1-инчен раб на пицата без прелив. Расфрлете ги стракиното, моцарелата и маслинките над листовите артишок. Лизнете ја пицата во рерната и печете додека не се стопи сирењето и кората не стане златно кафеава и крцкава, 8 до 12 минути. Извадете ја пицата од рерна и исечете ја на четвртинки.

f) Посипете го магдоносот врз пицата и со микроплан или друг ситно ренде изрендајте кора од лимон преку површината.

g) Врз пицата изрендајте лесен слој пармицано-реџано, одозгора распрскајте ја руколата и послужете.

44. Бјанка со Фонтина, Моцарела и Сејџ

Состојки

- 1 лажица екстра девствено маслиново масло, плус повеќе за пржење на листовите жалфија

- Кошер сол

- 1/4 чаша цели свежи листови жалфија, плус 1 лажичка сечкани свежи листови жалфија

- 1 круг Тесто за пица

- 2 лажици густ крем за шлаг, изматен до меки врвови

- 3 1/2 унци сотоценер ал тартуфо, рендан

- Фонтина од 1 унца, исечена на коцки од 1/2 инчи

- 1 унца моцарела со ниска влажност, исечена на коцки од 1/2 инчи

Правци

a) Истурете доволно маслиново масло во мала тава или тенџере до длабочина од 1 инч и обложете мала чинија со хартиени крпи. Загрејте го маслото на средно-висока топлина додека малку сол да пркне кога ќе се спушти во него. Додадете ги сите листови жалфија и пржете околу 30 секунди, додека не станат крцкави и светло зелени.

b) Со дупче лажица извадете ја жалфија од маслото, префрлете ја на хартиени крпи да се исцедат и зачинете со сол.

c) Процедете го маслото натопено со жалфија низ цедалка со ситна мрежа и резервирајте го за да се пржи жалфија друг пат или да се прелие со месо или зеленчук на скара. Жалфијата може да се пржи и до неколку часа однапред. Чувајте го во херметички сад на собна температура.

d) Подгответе го и развлечете го тестото и загрејте ја рерната.

e) Намачкајте го работ од тестото со 1 лажица маслиново масло и зачинете ја целата површина со сол. Ставете го кремот во центарот на тестото и користете го задниот дел од лажицата за да го премачкате по површината на тестото, оставајќи раб од 1 инчи без крем.

f) Преку кремот посипете ја сечканата жалфија, покријте ја со сечканата соттоценер, а над пицата расфрлете ги коцките фонтина и моцарела. Лизнете ја пицата во рерната и печете додека не се стопи сирењето и кората не стане златно кафеава и крцкава, 8 до 12 минути.

g) Извадете ја пицата од рерна и внимателно навалете ја на чинија за да се исцеди вишокот масло. Фрлете го маслото. Исечете ја пицата на четвртинки, растурете ги пржените листови жалфија по површината и послужете.

45. Пица топки

Порции: 10

Состојки:

- 1 килограм мелена колбасица
- 2 чаши мешавина од бисквик
- 1 сечкан кромид
- 3 мелени чешниња лук
- $\frac{3}{4}$ лажичка италијански зачини
- 2 чаши рендано сирење моцарела
- 1 $\frac{1}{2}$ шолја сос за пица - поделени
- $\frac{1}{4}$ чаша пармезан сирење

Правци:

a) Загрејте ја рерната на 400 степени целзиусови.

b) Подгответе плех со прскање со нелеплив спреј за готвење.

c) Во сад за матење измешајте ги колбасите, мешавината од бисквик, кромидот, лукот, италијанскиот зачин, сирењето моцарела и 12 шолји сос за пица.

d) После тоа, додајте доволно вода за да може да се користи.

e) Расукајте го тестото во топчиња од 1 инчи.

f) Посипете го пармезанот врз топчињата за пица.

g) После тоа, ставете ги топчињата на плехот за печење што сте го подготвиле.

h) Загрејте ја рерната на 350°F и печете 20 минути.

i) Послужете со преостанатиот сос за пица на страна за потопување.

46. Каснувања од италијанско пилешко пециво

Порции: 8 снопови

Состојка

- 1 конзерва ролни полумесечина (8 ролни)
- 1 чаша Сечкано, варено пилешко
- 1 лажица сос од шпагети
- $\frac{1}{2}$ лажичка мелен лук
- 1 лажица сирење Моцарела

Правци:

a) Загрејте ја рерната на 350 степени целзиусови. Измешајте ги пилешкото, сосот и лукот во тава и варете ги додека не се загреат.

b) Триаголници направени од посебни ролни полумесечина. Дистрибуирајте ја смесата со пилешко во центарот на секој триаголник.

c) По желба, распределете го сирењето на сличен начин.

d) Стиснете ги страните на ролатот и завиткајте околу пилешкото.

e) На камен за печење печете 15 минути или додека не порумeнат.

47. Аранчини топки

Прави 18

Состојки

- 2 лажици маслиново масло
- 15 гр несолен путер
- 1 кромид, ситно сецкан
- 1 големо чешне лук, издробено
- 350 гр рижото ориз
- 150 мл суво бело вино
- 1,2 л топла супа од пилешко или зеленчук
- 150гр пармезан ситно изренДан
- 1 лимон, ситно изренДан
- 150 гр топка моцарела, исечкана на 18 мали парчиња
- растително масло, за длабоко пржење

За облогата

- 150 гр обично брашно
- 3 големи јајца, лесно изматени
- 150 гр фино сушени презла

Правци:

a) Во тенџере загрејте ги маслото и путерот додека не се пенесат. Додадете го кромидот и малку сол и варете 15 минути, или додека не омекне и проѕирен, на тивок оган.

b) Гответе уште една минута откако ќе го додадете лукот.

c) Додадете го оризот и динстајте уште една минута пред да го додадете виното. Оставете ја течноста да зоврие и варете додека не се намали за половина.

d) Истурете половина од густинот и продолжете да мешате додека не се апсорбира поголемиот дел од течноста.

e) Како што оризот ја впива течноста, додадете ја преостанатата супа по една лажица, постојано мешајќи додека оризот не се свари.

f) Додадете ги пармезанот и кората од лимон и зачинете со сол и бибер по вкус. Ставете го рижото во плех со усни и оставете го на страна да се излади на собна температура.

g) Изладеното рижото поделете го на 18 еднакви делови, секој со големина на топче за голф.

h) Во вашата дланка израмнете топче рижото и ставете парче моцарела во центарот, а потоа завиткајте го сирењето во оризот и формирајте го во топка.

i) Продолжете со преостанатите рижото топчиња на ист начин.

j) Во три плитки јадења измешајте ги брашното, јајцата и презлата. Секое топче рижото прво треба да се набрашне, па да се натопи во јајца и на крај во презла. Се става на чинија и се остава.

k) Наполнете го големото тенџере со тешко дно до половина со растително масло и загрејте го на средно-тивок оган додека термометарот за готвење не покаже 170°C или парче леб не стане златно кафеава за 45 секунди.

l) Во серии, спуштете ги топчињата рижото во масло и пржете 8-10 минути, или додека не поруменат и не се стопат во центарот.

m) Се ставаат во плех обложен со чиста кујнска крпа и се оставаат на страна.

n) Послужете ги аранчините топли или со едноставен сос од домати за да ги потопите.

48. Италијански Начос

Порции: 1

Состојки

Сос од Алфредо

- 1 Чаша Половина и Пол

- 1 чаша тежок крем

- 2 лажици несолен путер

- 2 чешниња лук мелено

- 1/2 чаша пармезан

- Сол и црн пипер

- 2 лажици брашно

Начос

- Вонтон обвивки исечени на триаголници

- 1 Пилешко варено и рендано

- Сотени пиперки

- Сирење моцарела

- Маслинки

- Сецкан магдонос

- Пармезан

- Масло за пржење кикирики или канола

Правци:

a) Додадете го несолениот путер во тенџере и стопете на средна топлина.

b) Промешајте го лукот додека не се стопи целиот путер.

c) Брзо додајте го брашното и постојано матете додека не се згрутчи и порумени.

d) Во сад за матење измешајте ја густата павлака и половина и пол.

e) Оставете да зоврие, а потоа намалете на тивок оган и варете 8-10 минути или додека не се згусне.

f) Зачинете со сол и бибер.

g) Вонтонс: Загрејте го маслото во голема тава на средна висока температура, околу 1/3 од горе.

h) Додадете ги вонтоните еден по еден и загревајте додека не порумнат на дното, а потоа превртете и варете ја другата страна.

i) Ставете хартиена крпа над одводот.

j) Загрејте ја рерната на 350°F и обложете го листот за печење со хартија за печење, проследено со вонтоните.

k) Одозгора додадете го сосот Алфредо, пилешкото, пиперките и сирењето моцарела.

l) Ставете го под бројлерот во вашата рерна 5-8 минути или додека сирењето не се стопи целосно.

49. Превиткување на италијански фефepoни

Порции 35

Состојки

- 5 10" тортиљи од брашно (спанаќ сушен домат или бело брашно)

- 16 унци крем сирење омекнато

- 2 лажички мелено лук

- 1/2 чаша кисела павлака

- 1/2 чаша пармезан сирење

- 1/2 чаша италијанско рендано сирење или сирење моцарела

- 2 лажички италијански зачини

- Парчиња фефेрони од 16 унци

- 3/4 чаша ситно сечкани жолти и портокалови пиперки

- 1/2 чаша ситно сецкани свежи печурки

Правци:

a) Во сад за мешање изматете го крем сирењето додека не се изедначи. Во сад за матење измешајте ги лукот, павлаката, сирењата и италијанскиот зачин. Мешајте додека сѐ добро да се соедини.

b) Распоредете ја смесата рамномерно меѓу 5-те тортиљи со брашно. Покријте ја целата тортиља со смесата со сирење.

c) Над смесата со сирење ставете слој од фефорони.

d) Преклопете ги фефероните со крупно исечканите пиперки и печурките.

e) Цврсто виткајте ја секоја тортиља и завиткајте ја во пластична фолија.

f) Оставете го настрана најмалку 2 часа во фрижидер.

50. Cheesy Galette со салама

5 порции

Состојки:

- 130 гр путер
- 300 гр брашно
- 1 лажичка сол
- 1 јајце
- 80 мл млеко
- 1/2 лажичка оцет

Полнење:

- 1 домат
- 1 слатка пиперка
- тиквички
- салама
- моцарела
- 1 Лажица маслиново масло
- билки (како мајчина душица, босилек, спанаќ)

Правци:

a) Намалете го путерот во коцка.

b) Во сад или тава измешајте ги маслото, брашното и солта и исечкајте ги со нож.

c) Истурете јајце, малку оцет и малку млеко.

d) Започнете со месење на тестото. Ставете го во фрижидер половина час откако ќе го виткате во топка и ќе го завиткате во пластична фолија.

e) Исечете ги сите состојки за филот.

f) Ставете го филот во центарот на голем круг тесто што е развлечено на пергамент за печење (освен Моцарела).

g) Намачкајте со маслиново масло и зачинете со сол и бибер.

h) Потоа внимателно подигнете ги рабовите на тестото, завиткајте ги околу преклопените делови и лесно притиснете ги внатре.

i) Загрејте ја рерната на 200°C и печете 35 минути. Додадете ја моцарелата десет минути пред крајот на времето за печење и продолжете со печењето.

j) Послужете веднаш!

51. Фритери од моцарела и шпагети

Состојка

- 2 чешниња лук

- 1 китка свеж магдонос

- 3 кромид за салата; тенко исечени

- 225 грама посно мелено свинско месо

- 2 лажици Свежо рендан пармезан

- 1 лажица Маслиново масло

- 150 грама шпагети или таљатели

- 100 милилитри Топла говедска супа

- 400 грама лименка сечкани домати

- 1 прстофат Шеќер и 1 цртичка соја сос

- Сол и црн пипер

- 1 Јајце

- 1 лажица Маслиново масло

- 75 милилитри млеко

- 50 грама обично брашно

- 150 грама пушена моцарела

- Сончогледово масло; за пржење

- 1 лимон

Правци:

a) Издробете го лукот и ситно исечкајте го магдоносот. Измешајте ги меленото месо, кромидот од салата, лукот, пармезанот, магдоносот и многу сол и бибер.

b) Обликувајте осум цврсти топчиња.

c) Гответе ги ќофтињата добро да поруменат. Истурете во залиха.

d) Сварете ги тестенините во голема тава со зовриена солена вода.

52. Ражничи со тортелини од сирење

Принос: 8

Состојки

- 1 пакување (12 oz.) Сирење тортелини

- 1 чаша чери домати

- 1 чаша свежи топчиња од моцарела

- 1/4 килограм салама, тенко исечена

- 1/4 чаша свежи листови босилек

- Цртичка балсамико глазура

- 8 дрвени раженчиња

Правци:

a) Доведете големо тенџере со вода да зоврие, а потоа варете ги тортелините според упатствата на пакувањето.

b) Сварените тортелини ставете ги во цедалка и покријте ги со ладна вода додека не добијат собна температура.

c) Прободете го секој предмет на раженот и лизнете го надолу до дното на раженот. Непосредно пред послужување, наредете ги раженчињата во чинија и наросете ги со глазурата балсамико.

53. Леб со ќофтиња во тоскански стил

Принос: 4

Состојки

- 1 пакување (16 oz.) Телешко ќофтиња

- 4 занаетчиски кори за леб

- 4 чешниња лук, мелено

- 1 чаша тенко сецкан црвен кромид

- 2 шолји сос од маринара

- 1 лажица маслиново масло

- 1 лажичка сув италијански зачин

- 10 oz. свежи трупци од моцарела, исечени

- 4 oz. полномасно млеко рикота сирење

- 4 лажици тенко исечен свеж босилек

Правци:

a) Загрејте ја рерната на 425 степени целзиусови.

b) Сварете ги ќофтињата според упатствата на пакувањето и потоа оставете ги на страна.

c) Загрејте го маслиновото масло во голема тава за динстање на средна топлина, потоа додадете го црвениот кромид и лукот и варете, повремено мешајќи, 4-5 минути, додека не стане транспарентен и мирисна.

d) Подгответе го лебот на плех обложен со хартија за печење.

e) Рамномерно намачкајте 1/2 шолја маринара сос на секое тесто за леб, а потоа зачинете со сув италијански зачин.

f) Ставете по 5-6 парчиња моцарела на секој леб.

g) Сварените ќофтиња исечкајте ги на кругови и подеднакво распоредете ги по секој леб. Поделете го црвениот кромид и лукот на ќофтињата.

h) Печете рамни лебови 8 минути. Извадете ги рамните лебови од рерната и намачкајте ги по 4 лажици рикота сирење, а потоа вратете ја во рерна уште 2 минути за да се загрее рикотата.

i) Извадете го лебот од рерна, покријте го со свеж босилек и оставете го на страна 2 минути да се излади.

j) Исечете и послужете веднаш.

54. Лизгачи за ќофтиња за тост од лук

Принос: 8

Состојки

- 1 пакување (26 oz.) Италијански ќофтиња

- 1 тегла маринара сос

- 1 пакување замрзнат тексашки тост

- 1 пакување исечено моцарела сирење

- 8 листови свеж босилек - сецкани

Правци:

a) Загрејте ја рерната на 400 степени целзиусови.

b) Печете парчиња тост од Тексас 4 минути на плех.

c) Извадете го полупечениот тост од рерната и на секоја кришка намачкајте по 2 лажици сос од маринара, а потоа 6 ќофтиња и парче сирење моцарела. Чувајте го на место со помош на ражен.

d) Печете уште 6 минути.

e) Секое парче исечете го на половина и посипете со листови босилек.

f) Послужете веднаш.

55. Сејтан чаши за пица

Прави 2

Состојки

- 1 унца. полномасно крем сирење
- 1 1/2 чаши сирење моцарела со полномасно млеко
- 1 големо јајце, изматено
- 1 шолја бадемово брашно
- 2 лажици кокосово брашно
- 1/3 чаша сос за пица
- 1/3 чаша рендано чедар сирење
- 1/2 пакување сејтан или околу 4 мл., исечени на коцки

Правци

a) Загрејте ја рерната на 400°F.

b) Комбинирајте го крем сирењето и моцарелата во голем сад за микробранова печка и печете во микробранова 1 минута, мешајќи неколку пати.

c) Додадете го изматеното јајце и двете брашна и брзо мешајте додека не се формира топка. Месете со рака додека не се залепи лесно.

d) Поделете го тестото на 8 парчиња. Поставете парче помеѓу два листа подмачкана хартија за пергамент и расукајте го со сукало.

e) Секое парче тесто притиснете го во подмачкани калапи за мафини за да формирате мали чашки за тесто.

f) Печете 15 минути или додека не порумени.

g) Извадете го од рерната и посипете го секој со сос за пица, чедар и сејтан. Вратете во рерна пет минути додека кашкавалот не се растопи.

h) Извадете ги од калапи за мафини и послужете.

56. Крсти пржени ракчиња

Служи 6

Состојки:

- ½ килограм мали ракчиња, излупени

- 1 ½ шолја наут или обично брашно

- 1 лажица сечкан свеж магдонос со рамен лист

- 3 главици кромид, бел дел и малку од нежни зелени врвови, ситно сечкани

- ½ лажичка слатка пиперка/пиментон

- Солта

- Маслиново масло за длабоко пржење

Правци:

a) Сварете ги ракчињата во тенџере со доволно вода за да ги покриете и оставете ги да зовријат на силен оган.

b) Во сад или процесор за храна, измешајте ги брашното, магдоносот, кромидот и пиментонот за да го добиете тестото. Додадете ја изладената вода за готвење и малку сол.

c) Измешајте или обработете додека не добиете текстура која е малку погуста од тестото за палачинки. Ставете го во фрижидер 1 час по покривањето.

d) Извадете ги ракчињата од фрижидер и ситно иситнете ги. Меленото кафе треба да биде со големина на парчињата.

e) Извадете го тестото од фрижидер и измешајте ги ракчињата.

f) Во тешка тава за пржење, истурете го маслиновото масло на длабочина од околу 1 инч и загрејте го на силен оган додека практично не запуши.

g) За секој фрит, истурете 1 лажица тесто во маслото и израмнете го тестото со задниот дел од лажицата во кружен дијаметар од 3 1/2 инчи.

h) Пржете околу 1 минута од секоја страна, вртејќи еднаш, или додека пржењето не стане златно и крцкаво.

i) Извадете ги пржените со рерна лажица и ставете ги на огноотпорен сад.

j) Послужете веднаш.

57. Полнети домати

Состојки:

- 8 мали домати или 3 големи

- 4 тврдо варени јајца, изладени и излупени

- 6 лажици Aioli или мајонез

- Сол и црн пипер

- 1 лажица магдонос, сечкан

- 1 лажица бели презла, ако користите големи домати

Правци:

a) Потопете ги доматите во леген со ладна или екстремно ладна вода откако ќе ги излупите во тава со врела вода 10 секунди.

b) Исечете ги врвовите на доматите. Со помош на лажичка или мал, остар нож, изгребете ги семките и внатрешноста.

c) Изгмечете ги јајцата со Аиоли (или мајонез, доколку користите), сол, бибер и магдонос во сад за матење.

d) Наполнете ги доматите со филот, цврсто притискајќи ги надолу. Заменете ги капаците под весел агол на малите домати.

e) Наполнете ги доматите до врвот, цврсто притискајте додека не се израмнат. Оставете го во фрижидер 1 час пред да исечете прстени со помош на остар нож за резба.

f) Украсете со магдонос.

58. Солени пржени треска со Aioli

Служи 6

Состојки:

- 1 кг сол треска, натопена

- 3 1/2 унца. сушени бели презла

- 1/4 кг брашно компири

- Маслиново масло, за плитко пржење

- 1/4 шолји млеко

- Лимонови клинови и листови салата, за сервирање

- 6 млади кромидчиња ситно сецкани

- Аиоли

Правци:

a) Во тава со малку посолена зовриена вода, варете ги компирите, неизлупени, околу 20 минути или додека не омекнат. Исцедете.

b) Излупете ги компирите веднаш штом ќе станат доволно ладни за ракување, а потоа изгмечете ги со вилушка или машина за пасирање на компири.

c) Во тенџере измешајте го млекото, половина од младиот кромид и оставете да се динста. Додадете го бакаларот за натопување и пржете 10-15 минути, или додека лесно не се шушка. Извадете го бакаларот од тавата и излупете го во сад со вилушка, отстранувајќи ги коските и кожата.

d) Истурете 4 лажици пире од компири со бакалар и соедините со дрвена лажица.

e) Работете во маслиновото масло, па постепено додајте го преостанатиот пире од компири. Во сад за матење измешајте ги преостанатиот кромид и магдоносот.

f) По вкус, зачинете со сок од лимон и бибер.

g) Во посебен сад изматете едно јајце додека не се изедначи добро, а потоа изладете додека не се цврсти.

h) Расукајте ја смесата од изладена риба во 12-18 топчиња, а потоа нежно израмнете ги во мали кружни колачи.

i) Секое прво треба да се набрашне, па да се натопи во преостанатото изматено јајце и да се заврши со сува презла.

j) Оставете го во фрижидер додека не се подготвите за пржење.

k) Во голема, тешка тава, загрејте масло од околу 3/4 инчи. Гответе ги пржените пржени околу 4 минути на средно-силен оган.

l) Превртете ги и варете уште 4 минути или додека не станат крцкави и златни од другата страна.

m) Исцедете го на хартиени крпи пред да послужите со Аиоли, парчиња лимон и листови салата.

59. Крокети од ракчиња

Произведува околу 36 единици

Состојки:

- 3 1/2 унца. путер
- 4 oz. обично брашно
- 1 1/4 пивца ладно млеко
- Сол и црн пипер
- 14 oz. сварени излупени ракчиња, исечени на коцки
- 2 лажички доматно пире
- 5 или 6 лажици ситни презла
- 2 големи јајца, изматени
- Маслиново масло за длабоко пржење

Правци:

a) Во средно тенџере растопете го путерот и додадете го брашното со постојано мешање.

b) Полека прелијте го изладеното млеко со постојано мешање додека не добиете густ, мазен сос.

c) Додадете ги ракчињата, обилно зачинете со сол и бибер, а потоа изматете ја доматната паста. Гответе уште 7 до 8 минути.

d) Земете мала лажица од состојките и превртете ја во крокети со цилиндри од 1 1/2 - 2 инчи.

e) Крокетите валкајте ги во презла, па во изматеното јајце и на крај во презлата.

f) Во голема тава со тешко дно, загрејте го маслото за пржење додека не достигне 350°F или коцка леб порумени за 20-30 секунди.

g) Пржете околу 5 минути во серии од не повеќе од 3 или 4 до златно кафеава боја.

h) Со решеткана лажица извадете го пилешкото, исцедете го на кујнска хартија и веднаш послужете.

60. Крцкави зачинети компири

Служи: 4

Состојки:

- 3 супени лажици маслиново масло
- 4 Рушести компири, излупени и исечени на коцки
- 2 лажици мелено кромид
- 2 чешниња лук, мелено
- Сол и свежо мелен црн пипер
- 1 1/2 лажици шпанска пиперка
- 1/4 лажичка Табаско сос
- 1/4 лажичка мелена мајчина душица
- 1/2 чаша кечап
- 1/2 чаша мајонез
- Сечкан магдонос, за украсување
- 1 чаша маслиново масло, за пржење

Правци:

Брава сос:

a) Загрејте 3 лажици маслиново масло во тенџере на средна топлина. Пропржете ги кромидот и лукот додека кромидот не омекне.

b) Тргнете ја тавата од оган и изматете ги со пиперката, табаско сосот и мајчината душица.

c) Во сад за матење измешајте ги кечапот и мајонезот.

d) По вкус, зачинете со сол и бибер. Отстрани од равенката.

Компирите:

e) Лесно зачинете ги компирите со сол и црн пипер.

f) Пржете ги компирите во 1 чаша маслиново масло во голема тава додека не порумнат и не се сварат, фрлајќи повремено.

g) Исцедете ги компирите на хартиени крпи, вкусете ги и зачинете ги со дополнителна сол доколку е потребно.

h) За да останат компирите крцкави, спојте ги со сосот веднаш пред сервирање.

i) Послужете топло, украсено со сечкан магдонос.

61. Ракчиња гамба

Служи 6

Состојки:

- 1/2 чаша маслиново масло

- Сок од 1 лимон

- 2 лажички морска сол

- 24 средно големи ракчиња, во лушпата со непроменети глави

Правци:

a) Во сад за матење измешајте ги маслиновото масло, сокот од лимон и солта и изматете ги додека не се соединат темелно. За лесно да ги премачкате ракчињата, потопете ги во смесата неколку секунди.

b) Во сува тава загрејте го маслото на силен оган. Работејќи во серии, додајте ги ракчињата во еден слој без да ја натуткате тавата кога е многу жешко. 1 минута пржење

c) Намалете ја топлината на средно и варете уште една минута. Зголемете го огнот на високо и пржете ги ракчињата уште 2 минути или додека не поруменат.

d) Чувајте ги ракчињата топли во ниска рерна на огноотпорна чинија.

e) Гответе ги преостанатите ракчиња на ист начин.

62. Винегрет со школки

Порции: Прави 30 предјадења

Состојки:

- 2 1/2 дузина школки, избришани и отстранети бради
  Рендана зелена салата

- 2 лажици мелено зелен кромид

- 2 лажици мелена зелена пиперка

- 2 лажици мелен црвен пипер

- 1 Лажичка сечкан магдонос

- 4 лажици маслиново масло

- 2 лажици оцет или сок од лимон

- Истурете сос од црвен пипер

- Сол по вкус

Правци:

a) Отворете ги школките на пареа.

b) Ставете ги во големо тенџере со вода. Покријте и варете на силен оган, повремено мешајќи ја тавата додека не се отворат лушпите. Школките тргнете ги од оган и фрлете ги оние што не се отвораат.

c) Школките може да се загреат и во микробранова печка за да се отворат. Печете ги во микробранова една минута со максимална моќност во сад за микробранова печка, делумно покриен.

d) Печете во микробранова уште една минута по мешањето. Отстранете ги школките што се отвориле и варете уште една минута во микробранова печка. Отстранете ги оние што се отворени уште еднаш.

e) Отстранете ги и фрлете ги празните лушпи штом ќе бидат доволно ладни за ракување.

f) На садот за сервирање, поставете школки на кревет со рендана зелена салата непосредно пред сервирање.

g) Во сад за матење измешајте го кромидот, зелената и црвената пиперка, магдоносот, маслото и оцетот.

h) Сол и црвен пипер сос по вкус. Наполнете ги лушпите од школките до половина со смесата.

63. Пиперки полнети со ориз

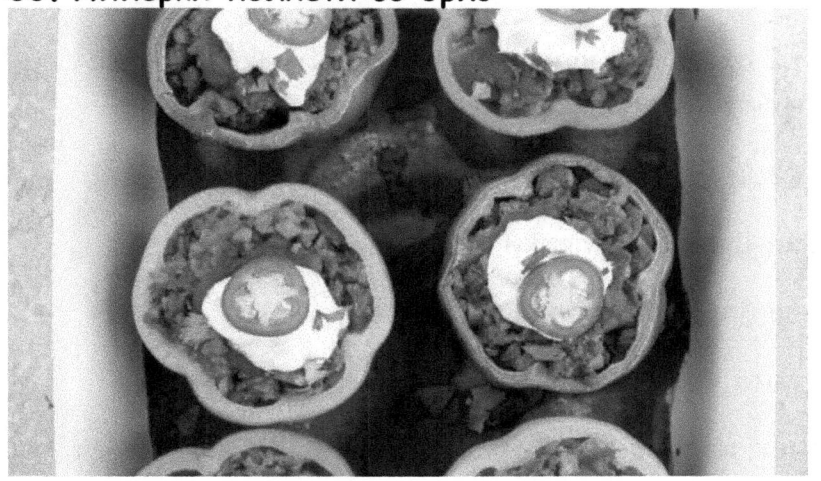

Порции: 4

Состојки:

- 1 фунта 2 oz. краткозрнест шпански ориз, како што се Бомба или Каласпара

- 2-3 лажици маслиново масло

- 4 големи црвени пиперки

- 1 помала црвена пиперка, исечкана

- 1/2 кромид, сецкан

- 1/2 домат, излупен и исечкан

- 5 oz. мелено / сечкано свинско месо или 3 мл. сол бакалар

- Шафран

- Сецкан свеж магдонос

- Солта

Правци:

a) Изгребете ги внатрешните мембрани со лажичка откако ќе ги исечете краевите на стеблото на пиперките и ќе ги зачувате како капаци за да ги ставите подоцна.

b) Загрејте го маслото и нежно пропржете ја црвената пиперка додека не омекне.

c) Пропржете го кромидот додека да омекне, потоа додадете го месото и малку зарумнете го, додавајќи го доматот по неколку минути, а потоа додајте ја сварената пиперка, суровиот ориз, шафранот и магдоносот. Зачинете со сол по вкус.

d) Внимателно наполнете ги пиперките и ставете ги од страните на огноотпорен сад, внимавајќи да не се истури филот.

e) Гответе го садот во загреана рерна околу 1 1/2 час, покриено.

f) Оризот се готви во течности од домати и бибер.

64. Каламари со рузмарин и масло од чили

Порции: 4

Состојки:

- Екстра девственото маслиново масло

- 1 китка свеж рузмарин

- 2 цели црвени пиперки, исцедени и ситно сечкани 150 мл единечен крем

- 3 жолчки

- 2 лажици рендан пармезан

- 2 лажици обично брашно

- Сол и свеж мелен црн пипер

- 1 чешне лук, излупено и издробено

- 1 лажичка суво оригано

- Растително масло за длабоко пржење

- 6 Лигњи, исчистени и исечени на прстени

- Солта

Правци:

a) За да го направите преливот, загрејте го маслиновото масло во мало тенџере и измешајте ги рузмаринот и чилито. Отстрани од равенката.

b) Во голем сад за матење изматете го кремот, жолчките, пармезанот, брашното, лукот и ориганото. Мешајте додека тестото не се изедначи. Зачинете со црн пипер, свежо мелен.

c) Загрејте го маслото на 200°C за длабоко пржење или додека една коцка леб не порумени за 30 секунди.

d) Потопете ги прстените од лигњите, еден по еден, во тестото и внимателно ставете ги во маслото. Гответе додека не порумени, околу 2-3 минути.

e) Исцедете ги на кујнска хартија и послужете веднаш со прелиен прелив одозгора. Доколку е потребно, зачинете со сол.

65. Салата од тортелини

Порции: 8

Состојки:

- 1 пакување тортелини со сирење со три бои
- $\frac{1}{2}$ чаша фефферони исечени на коцки
- $\frac{1}{4}$ чаша исечен кромид
- 1 зелена пиперка исечкана на коцки
- 1 шолја преполовени чери домати
- $1\frac{1}{4}$ шолји исечени маслинки од Каламата
- $\frac{3}{4}$ чаша сецкани маринирани срца од артишок
- 6 oz. сирење моцарела исечкано на коцки
- 1/3 чаша италијански прелив

Правци:

a) Сварете ги тортелините според упатствата на пакувањето, па исцедете ги.

b) Во голем сад за матење прелијте ги тортелините со преостанатите состојки, без преливот.

c) Одозгора прелијте го преливот.

d) Оставете го на страна 2 часа да се излади.

66. Салата со тестенини Капрезе

Порции: 8

Состојки:

- 2 чаши варени тестенини од пене
- 1 чаша песто
- 2 сечкани домати
- 1 чаша сиренце моцарела исечкано на коцки
- Сол и бибер по вкус
- 1/8 лажички оригано
- 2 лажички црвен вински оцет

Правци:

a) Гответе ги тестенините според упатствата на пакувањето, што треба да трае околу 12 минути. Исцедете.

b) Во голем сад за матење измешајте ги тестенините, пестото, доматите и сирењето; зачинете со сол, бибер и оригано.

c) Одозгора наросете црвен вински оцет.

d) Се остава настрана 1 час во фрижидер.

67. Брускети балсамико

Порции: 8

Состојки:

- 1 шолја излупени и исечкани ромски домати

- $\frac{1}{4}$ чаша сецкан босилек

- $\frac{1}{2}$ чаша рендано пекорино сирење

- 1 мелено чешне лук

- 1 лажица балсамико оцет

- 1 лажичка маслиново масло

- Сол и бибер по вкус - внимателно, бидејќи сирењето е малку солено само по себе.

- 1 исечен леб француски леб

- 3 лажици маслиново масло

- $\frac{1}{4}$ лажички лук во прав

- $\frac{1}{4}$ лажички босилек

Правци:

a) Во сад за матење измешајте ги доматите, босилекот, пекориното сирење и лукот.

b) Во мал сад за матење изматете го оцетот и 1 лажица маслиново масло; стави настрана. в) Намачкајте ги парчињата леб со маслиново масло, лук во прав и босилек.

c) Се ставаат на тава за печење и се тостираат 5 минути на 350 степени.

d) Извадете ја од рерната. Потоа одозгора додадете ја смесата од доматите и сирењето.

e) Доколку е потребно, зачинете со сол и бибер.

f) Послужете веднаш.

68. Скуша на скара

Принос: 1 порција

Состојка

- 1 фунта Свежи аншоа или сардини или скуша

- 2 глави лук; завиткани во фолија и печени на 350 степени F, еден час

- 2 Јајца

- 4 чешниња лук

- Сок од 1 лимон и

- 2 лимони; во клинови

- 1 чаша Екстра девствено маслиново масло

- Сол и бибер по вкус

- 1 лажица Млака вода

- 4 парчиња француски леб

Правци:

a) Загрејте ја скарата или скарата.

b) Вага и цревни сардели (или сардини или скуша), оставајќи ги главите и опашките непроменети. Полека исцедете ги главите лук за да ја извадите пастата и оставете ја на страна.

c) За да направите ајоли, ставете ги јајцата и лукот во миксер со сок од лимон и измешајте да се измешаат. Додека работи миксер, додадете масло со тенок прскање за да формирате густа емулзија. Извадете, зачинете со сол и бибер и разредете до саканата униформност со 1 до 2 лажици млака вода.

d) Ставете аншоа на скара и варете ги, околу 1 до 2 минути по страна, а потоа извадете ги на чинии. Лебот се пече на скара и се валка со пире од лук. На секоја чинија ставете по 1 парче леб и послужете со парчиња лимон и аиоли во средината.

69. Ракчиња на скара завиткани во сланина

Принос: 4 порции

Состојка

- 20 Мед ракчиња; исчистени девенирани

- 10 ленти сланина; сурова, исечена на ха

- 3 црвени или жолти слатки пиперки;

- 4 лажици Екстра девствено маслиново масло

- 2 лажици Балсамико оцет

- 1 лажица сенф

- Распрснете свежа мајчина душица

- 1 Глава радичио

- 1 Глава ендив

- 1 Глава Биб зелена салата

Правци:

a) Измијте ги и исушете ги радиките, ендивите и зелената салата. Исечете ги на парчиња со големина на залак и оставете ги на страна. Цврсто завиткајте ги сите ракчиња во $\frac{1}{2}$ лента сланина.

b) Печете на скара или на скара на јаглен додека не стане остра, 3-5 минути, ротирајќи еднаш. Покријте за да се загрее. Се семе пиперки и се сечат на тенки ленти од julienne. Стави на страна.

c) Во тегла измешајте масло, оцет, сенф и мајчина душица. Покријте и добро протресете. Ставете ги зелените и пиперките во чинија.

d) Додадете ракчиња. Нежно измешајте со винегрет. Послужете во плитко јадење, прво наредете зеленило, а врз зелените 5 ракчиња.

70. Чаши за говедско месо за скара

Принос: 5 порции

Состојка

- 1 килограм дополнително посно мелено говедско месо

- 1 кромид

- 1 конзерва бисквити, конзервирана

- $\frac{1}{2}$ с сос за скара

- 2 ТБ кафеав шеќер

- $\frac{3}{4}$ с чедар сирење, рендано

Правци:

a) кафеав хамбургер; додадете сос, кромид и кафеав шеќер. Се динста.

b) Во подмачкан плех за мафини, во секоја чаша ставете по 1 бисквит и обликувајте шолја. Лажица смесата од хамбургер во чаши

c) посипете со чедар сирење. Печете на 400 степени 10 до 12 минути.

71. Валани и печени гулаб гради

Принос: 1 порција

Состојка

- 1 гулаб гради, преполовен

- 1 маслиново масло

- 1 кромид исечкан на коцки

- 1 лук исечкан на коцки

- 1 црвена пиперка исечкана на коцки

- 2 сегменти кромид

- 2 сегменти jalapeno бибер

- 1 лента сланина, преполовена

Правци:

a) Извадете ги птиците и земете го месото од секоја половина од градите.

b) Маринирајте во маслиново масло, кромидот исечкан на коцки, лукот и црвената пиперка исечкана на коцки за ноќ. Или маринирајте во италијански облекување преку ноќ.

c) Земете половина гради и ставете ја помеѓу две парчиња восочена хартија. Израмнете со чекан за месо. Земете еден сегмент кромид и дел од пиперката халапењо и превртете ги израмнетите гради околу него.

d) Потоа земете половина лента сланина и завиткајте ја околу градите и прицврстете ја со чепкалка за заби.

e) Гответе на скара додека сланината не е готова. Послужете го топло како предјадење.

72. Ќофтиња на скара

Принос: 48 ќофтиња

Состојка

- 3 килограми посно мелено говедско месо
- 2 чаши Брза овесна каша
- 13 унци Испарено млеко
- 2 јајца, малку изблендирани
- 1 чаша сецкан кромид
- ½ лажичка лук во прав
- 2 лажички Сол
- ½ лажичка бибер
- 2 лажички чили во прав

Правци:

a) Измешајте ги состојките и обликувајте топчиња со големина на орев. Ставете во 2 (два) садови за печење 9 x 13 инчи.

b) Сос: 4 C. Catsup 2 C. Кафеав шеќер 3 T. Течен чад 1 t. Лук во прав 1 C. Кромид исечен на коцки

c) Измешајте ги состојките во садот додека не се раствори кафеавиот шеќер. Прелијте со ќофтиња. Се пече на 350 степени 1 час.

73. Корејски мезе за скара

Принос: 1 порција

Состојка

- Чак месо
- $\frac{1}{4}$ чаша соја сос
- $1\frac{1}{4}$ лажичка кајен
- 1 Зелен кромид и врвот, Сегментирани
- 2 лажици Сусам
- 1 лажичка Лук во прав
- $1\frac{1}{2}$ лажичка оцет
- $1\frac{1}{2}$ лажичка семе од сусам
- Црн пипер

Правци:

a) Исечете го месото преку жито на многу тенки сегменти.

b) Се става во сад со останатите состојки и убаво се меша.

c) Покријте и ставете го во фрижидер преку ноќ

d) Ставете го месото на решетката над скарата за скара, по една минута од секоја страна

74. Мезе за пилешко на скара

Принос: 4 порции

Состојка

- 1 голема пилешки гради без коски

- 1 зелена пиперка, исечкана на ленти

- 1 умерен кромид, исечен на дебели ленти

- $\frac{1}{2}$ чаша Catsup

- 1 лажица Сенф

- 1 лажица кафеав шеќер

- 1 лажица оцет

- $\frac{1}{4}$ лажичка Лук во прав

- 2 цртички Сос од лута пиперка

Правци:

a) Пилешките гради се сечат на 16 парчиња и се ставаат во сад за микробранова печка.

b) Врз пилешкото се ставаат ленти од пиперка и кромид.

c) Останатите состојки измешајте ги во мала чинија и прелијте ги со пилешкото и зеленчукот. 4. Покријте и печете во микробранова на 70% 7 минути или повеќе додека пилешкото да побели и нежно. Послужете со чепкалки за заби.

75. Коцки за скара

Принос: 10 порции

Состојка

- 1 фунта Франки, 1/2 " кругови

- $\frac{1}{4}$ чаша оцет

- 3 лажици кафеав шеќер

- 1 лажица Ворчестершир

- 1 чешне лук, мелено

- $\frac{1}{4}$ лажичка бибер

- 1 $\frac{1}{2}$ чаша сос од домати

- 1 кромид, мал, мелено

- 1 лажица Сенф

- $\frac{1}{2}$ лажичка кари во прав

- 1 лажичка Сол

Правци:

a) Измешајте ги сите состојки, освен ФРАНКИ, во тенџере.
b) Варете 15 мин.
c) Оладете до времето на порција.
d) Загрејте го сосот во сад за лупење 15 мин. пред Порција
e) Додадете FRANK рунди; загрејте темелно.
f) или Порција, гостите копје ФРАНКИ со пик.

76. Пушеле раковини во капи од печурки

Принос: 4 порции

Состојка

- Од 6 до 8 листови од пченкарна лушпа
- 16 големи морски раковини
- 16 големи капа од печурки
- Маслиново масло, за печење

Сос:

- $\frac{1}{4}$ бел кромид, сецкан
- $\frac{1}{2}$ Аџи пиперки, сецкани
- 1 лажица Маслиново масло
- $1\frac{1}{2}$ унца испарено млеко
- $1\frac{1}{2}$ чаша шлаг
- $\frac{1}{4}$ чаша сува шери
- $\frac{1}{2}$ шолја котија сирење
- $1\frac{1}{2}$ лажица пченкарен скроб

Правци:

a) Ставете лушпи од пченка на дното на пушачот и додадете мала количина вода во тавата.

b) Тавата ставете ги морските раковини на скара и пушете ги на силен оган околу 4 минути.

c) Намачкајте ги капачињата од печурки со маслиново масло или сос од Чимичури.

d) Печете на скара две минути.

Сос:

e) Во мала тава пропржете го кромидот и биберот на маслиново масло.

f) Префрлете се во миксер.

g) Додадете го испариното млеко и шлагот; добро измешајте

h) Истурете ја течноста во цедалка со ситна мрежа и префрлете ја во тава. Додадете ја сувата шери и котија сирењето. Загрејте на умерен оган додека не се загрее многу

i) Постепено мешајте со пченкарниот скроб да се згусне. Процедете го сосот низ ситно мрежеста цедалка.

j) Секоја чинија премачкајте ја со сосот. Ставете чаден фестонирам во капа од печурки и наредете по 2 на секоја чинија со сос.

77. BBQ kielbasa

Принос: 8 порции

Состојка

- 3 килограми Киелбаса без кожа; Сегментирани
- 1 чаша кечап
- 1 чаша кафеав шеќер
- 2 лажици Вустершир сос
- $\frac{1}{4}$ лажичка Сува сенф
- 1 лажица Сок од лимон
- $\frac{1}{2}$ чаша чили сос

Правци:

a) Варете киелбаса во вода 30 минути за да се извади маснотиите

b) Измешајте ги преостанатите состојки во тенџере и варете околу 2 часа или повеќе додека не го направите тоа

c) Послужете во тенџере со чепкалки за заби.

78. Печени компири на скара

Состојка

- 6 компири за печење

- 1 кромид; сецкани

- 4 oz. Зелени чили

- 4 oz. Црни маслинки; сецкани

- 1/4 лажички лук во прав

- 1/2 лажичка Лимон пипер

- Алуминиумска фолија

Правци:

a) Исчистете ги и исечкајте ги компирите за печење на парчиња, но не лупете.

b) Подготвени 6-8 квадратни парчиња тешка алуминиумска фолија, по едно парче по порција.

c) Ставете еднакви делови од состојките на секоја квадратна фолија.

d) преклопете ја фолијата, запечатувајќи ги краевите. Ставете го на скара скара околу 45-55 минути.

79. Аспарагус на скара

Состојка

- 1 китка аспарагус
- 1/2 чаша балсамико оцет
- Цртичка сол

Правци:

a) Загрејте ја скарата со гас Blackstone или скарата на јаглен. Истурете оцет врз аспарагус; оставете да отстои 15-30 минути. За најдобар вкус, маринирајте 1 час.

b) Полека ставете аспарагус на горната решетка во скара. Гответе на умерено-висока топлина додека не омекне и има убаво зарумени траги од скарата.

80. Печурки Портобело на скара

Состојка

- 4 печурки Портобело

- 1/2 чаша црвен пипер, сецкан

- 1 чешне лук, мелено

- 4 лажици маслиново масло

- 1/4 лажичка кромид во прав

- 1 лажичка сол

- 1/2 лажичка мелен црн пипер

Правци:

a) Загрејте ја скарата на отворено Blackstone за умерена топлина и лесно масло решетка.

b) Исчистете ги печурките и извадете ги стеблата. Во големо јадење измешајте ја црвената пиперка, лукот, маслото и кромидот во прав, солта и мелениот црн пипер и убаво измешајте. Намачкајте ја смесата врз печурките.

c) Печете на скара на индиректна топлина, или на страната на врелиот јаглен, 15 до 20 минути.

81. Полнети пиперки на скара

Состојка

- 2 лименки задушени домати 1/2 лажичка бибер

- 2 шолји претходно варен ориз 1 умерен кромид, мелено

- 4 лименки печено говедско намаз 2 чешниња лук, мелено

- 1 шолја мачка 8 умерени зелени пиперки

- 1/2 чаши вода тешка алуминиумска фолија

- 1 лажичка сол

Правци:

a) Во умерено тенџере измешајте ги доматите, оризот, намазот од печено говедско месо, мачката, водата, солта и биберот. Изматете го кромидот и лукот во маслиново масло и додадете ги во смесата. Исечете тенок сегмент од крајот на стеблото на секоја зелена пиперка.

b) Извадете ги сите семиња и мембрани. Измијте внатре и надвор.

c) Секоја пиперка лесно наполнете ја со мешавина од ориз и ставете ја на квадрат со тешка алуминиумска фолија. Завиткајте безбедно и варете на умерено врел јаглен 30 минути. Свртете еднаш.

82. Ракчиња полнети со песто

ПРАВИ 4 порции

Состојка:
- 12 ракчиња или колосални (10-15 брои)
- ракчиња
- 1 џалапено чили пипер, со семе
- чаша цилантро песто
- 3 супени лажици сечкан на коцки
- 3 лажици маслиново масло
- 1 мало чешне лук, мелено
- 3 супени лажици свеж цилинтро исечен на коцки

Триење
- Гвакамоле винегрет:
- лажичка крупна сол
- 2 Истурете авокадо, излупени и излупени
- Нотка мелен црн пипер
- Сок од 1 голема шолја лимета екстра девствено маслиново масло
- 1 домат, со семе и ситно исечен

Правци:

a) Запалете скара за директна умерено-висока топлина, околу $425\frac{1}{4}$ F

b) Исечете ги ракчињата по грбот за да се отвори средината

c) Пополнете го отворот во секоја ракчиња со околу $\frac{1}{2}$ до 1 лажичка песто. Полнетите ракчиња премачкајте ги насекаде со маслиново масло.

d) За винегрет гуакамоле: со вилушка изгмечете го авокадото во умерено јадење. Измешајте ја преостанатата главна состојка. Стави на страна.

e) Намачкајте ја решетката со четка и премачкајте ја со масло. Ракчињата печете ги на скара директно на топлина додека не се цврсти и убаво обележани на скара, околу 4 минути по страна.

f) Извадете во чинии и посипете со гуакамоле винегрет.

83. Начос на скара

Состојка

- рендано сирење
- Домати
- кафеаво говедско месо
- Салса

Правци:

a) Едноставно обложете ја решетката со алуминиумска фолија и натрупајте ги начовите. Одозгора додајте што сакате,

b) Покријте и ставете на умерен до тивок оган неколку минути. Извадете го од оган кога сирењето ќе се стопи и послужете.

84. Есенски ќофтиња

Порции: 6

Состојки:

- 1 - 24 oz. кесичка ќофтиња од говедско месо (големина ½ oz.), исечени на половина

- 2 големи главици кромид, исечени или сецкани

- 5 јаболка, излупени, со јадра и исечени на четвртини

- 1-1/2 чаши кафеав шеќер

- 1/2 чаша сок од јаболко

- Факултативни состојки за гарнир: суви брусница, калинка или јаболка

Правци:

a) Загрејте ја рерната на 350°F. Измешајте ги сите состојки во тавче од 4 литри, покријте и печете 1-1/2 - 1-3/4 часа или додека кромидот не омекне.

b) Повремено мешајте додека готвите. Ако користите тенџере, гответе на високо ниво 3 часа.

c) Предлог за сервирање: Послужете преку печен тиквички од желади или варен ориз.

d) Украсете со сушени брусница, семки од калинка или парчиња јаболка.

85. Ќофтиња строганов

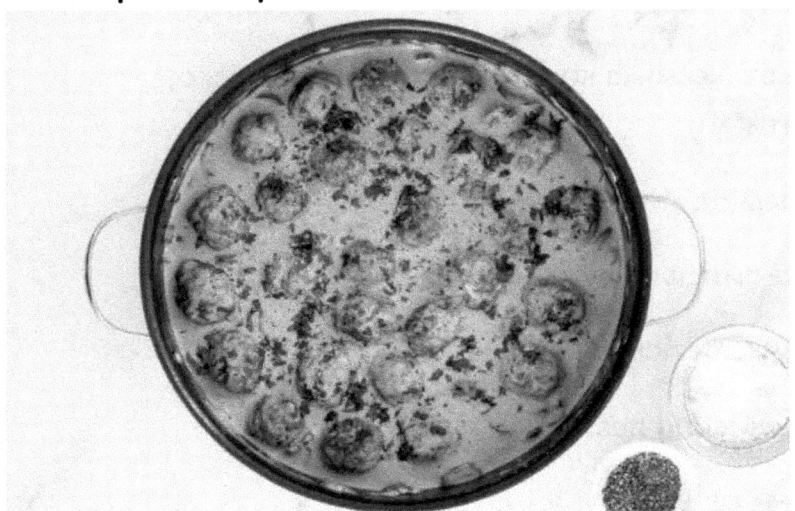

Порции: 6

Состојки:

- 1/2 - 24 oz. кесичка ќофтиња од говедско месо, одмрзнати

- 10 oz. крем од пилешка супа

- 1/2 чаша пилешки супа или вода

- 10 oz. сечкани печурки, исцедени

- 1/2 чаша кисела павлака

- тестенини од широки јајца, варени

- свеж копар плевел, сецкан

Правци:

a) Одмрзнете ги ќофтињата во микробранова печка 2-3 минути.

b) Соедините ја супата и супата во големо тенџере и загрејте, постојано мешајќи.

c) Додадете ќофтиња и печурки, покријте и динстајте на тивок оган 10 минути. Додадете павлака и загрејте, без да зоврие.

d) Намачкајте ги тестенините и посипете ги со копар.

86. Карипски ќофтиња

Порции: 6 - 8

Состојки:

- 1 - 24 oz. кесичка ќофтиња од говедско месо

- 1 лажица растително масло

- 1 чешне лук, мелено

- 1 зелена и црвена пиперка, крупно сечкани

- 1 - 14 oz. може парчиња ананас

- 2 лажици пченкарен скроб

- 1/3 чаша шеќер

- 1/3 чаша оцет

- 1 лажица соја сос

- 1/2 чаша индиски ореви (по избор)

- 1/4 чаша кокос, тост (по избор)

Правци:

a) Метод на тава: ќофтињата делумно одмрзнете ги во микробранова печка 1 минута. Секое ќофтиња исечкајте го на 3 кришки. Загрејте масло во голема тава. Додадете лук и пиперки и промешајте пржете 2 минути.

b) Додадете ќофтиња, покријте и варете на средна топлина 10 минути додека не се загреат ќофтињата. Исцедете го ананасот, резервирајте го сокот во мала чинија.

c) Комбинирајте сок од ананас, пченкарен скроб, шеќер, оцет и соја сос. Прелијте ја смесата со ќофтиња и варете со постојано мешање додека сосот не се згусне.

d) Измешајте ги парчињата ананас и индиските ореви. Украсете со препечен кокос, по желба.

e) Метод на тенџере: Исцедете го ананасот, резервирајте сок. Во тенџере ставете замрзнати ќофтиња, сок од ананас, бибер, лук, пченкарен скроб, шеќер, оцет и соја сос и варете на тивко 8 часа (или на високо ниво 4 часа).

f) Пред сервирање додадете парчиња ананас и индиски ореви и украсете со препечен кокос.

87. Ќофтиња со кари

Порции: 10-12

Состојки:

- 1 - 20 oz. кесичка ќофтиња од говедско месо

- 1/4 чаша жолт кромид, исечкан на коцки

- 1 конзерва со полномасно кокосово млеко

- 1 чаша пилешка супа

- 4 лажички кари во прав

- 1 лажичка гарам масала

- 1 лажичка мелен ѓумбир

- сок од 1 лимета

- 1/2 чаша цилинтро, сецкан

- Самбал Оелек чили паста (по избор)

- снегулки црвена пиперка

Правци:

a) Во голема тава, стопете кокосово млеко и масло; додадете го кромидот исечкан на коцки и оставете го да се вари 3 до 4 минути.

b) Измешајте ги преостанатите состојки за сосот и додадете ги во ќофтињата, целосно измешајте.

c) Покријте ја тавата и динстајте додека не се сварат ќофтињата.

d) Посипете со снегулки црвен пипер непосредно пред сервирање. Имајте чили паста на страна за дополнителна топлина.

88. Француски ќофтиња од кромид

Порции: 10-12

Состојки:

- 1 - 26 oz. кесичка говедско месо

- 1 пакет сува супа од кромид микс

- 1 конзерва крем супа од печурки

- 1 конзерва кремаста супа од кромид или француска супа
  од кромид

- 1 лименка вода

Правци:

a) Ставете ќофтиња во бавниот шпорет од замрзнувачот.

b) Во сад со средна големина измешајте ги смесата за супа,
   конзервираната супа и водата. Прелијте ги ќофтињата и
   промешајте.

c) Гответе на тивок оган околу 4 до 6 часа ИЛИ на висока
   температура околу 2 до 3 часа, повремено мешајќи.

d) Послужете преку тестенини од јајца или како мезе со
   чепкалки.

89. Ќофтиња од јавор

Порции: 5-6

Состојки:

- 1 - 26 oz. кесичка ќофтиња од говедско месо

- 1/2 чаша вистински јаворов сируп

- 1/2 чаша чили сос

- 2 лажички сушен млад млад лук (или 2 лажици свеж млад лук)

- 1 лажица соја сос

- 1/2 лажичка мелен сенф

Правци:

a) Во тенџере измешајте го јаворов сируп, чили сос, власец, соја сос и мелен сенф.

b) Оставете да зоврие. Додадете ги ќофтињата во тенџерето и вратете ги да зоврие.

c) Варете на средна топлина 8-10 минути, повремено мешајќи додека ќофтињата не се загреат добро.

d) Послужете како предјадење со чепкалки за заби или преку топол варен ориз.

90. Овчарска пита со ќофтиња

Порции: 6

Состојки:

- 1 - 26 oz. кесичка ќофтиња од говедско месо

- 1 - 12 oz. тегла подготвен сос од говедско месо

- 1 - 16 oz. кесичка замрзнат мешан зеленчук (доволно одмрзнат за да се распадне)

- 1 кутија кисела павлака и пире од власец (содржат 2 кесички)

- 1/2 чаша рендан пармезан

Правци:

a) Загрејте ја рерната на 350°F. Одмрзнете ги ќофтињата во микробранова печка 1 минута. Секое ќофтиња пресечете го на половина.

b) Во поголем сад измешајте ги преполовените ќофтиња, сосот и замрзнатиот мешан зеленчук. Истурете ја смесата во подмачкан сад за печење со димензии 9" x 13".

c) Подгответе ги двете кесички со киселата павлака и компирот со власец, додавајќи млеко, топла вода и путер според упатствата на пакувањето.

d) Готовиот компир премачкајте го со смесата за ќофтиња.

e) Посипете ги компирите со пармезан и печете 20-25 минути.

91. Пита со шпагети ќофтиња

Порции: 4-6

Состојки:

- 1 - 26 oz. кесичка говедско месо Ќофтиња

- 1/4 чаша сецкан зелен пипер

- 1/2 чаша сецкан кромид

- 1 - 8 oz. пакет шпагети

- 2 јајца, малку изматени

- 1/2 чаша рендан пармезан

- 1-1/4 чаши рендано сирење моцарела

- 26 oz. тегла густ сос од шпагети

Правци:

a) Загрејте ја рерната на 375°F. Пржете ги пиперките и кромидот додека не омекнат, околу 10 минути. Стави на страна.

b) Гответе шпагети, исцедете ги и исплакнете со ладна вода и исушете ги. Ставете во голем сад за матење.

c) Додадете ги јајцата и пармезанот и измешајте да се соедини. Притиснете ја смесата на дното на прсканата чинија за пита од 9 инчи. Одозгора со 3/4 шолја рендано сирење моцарела. Одмрзнете ги замрзнатите ќофтиња во микробранова печка 2 минути.

d) Секое ќофтиња пресечете го на половина. Половинките од ќофтињата ставете ги врз смесата со сирење. Комбинирајте сос од шпагети со варени пиперки и кромид.

e) Лажица врз слој од ќофтиња. Лабаво покријте со фолија и печете 20 минути.

f) Извадете го од рерната и посипете 1/2 чаша сирење моцарела над смесата со сос за шпагети.

g) Продолжете да печете непокриено уште 10 минути додека не се пенливи. Се сече на коцки и се сервира.

92. Сочни азиски ќофтиња

Порции: 10-12

Состојки:

- 1 - 20 oz. кесичка говедско месо Ќофтиња
- 2/3 чаша hoisin сос
- 1/4 чаша ориз оцет
- 2 чешниња лук, мелено
- 2 лажици соја сос
- 1 лажичка масло од сусам
- 1 лажичка мелен ѓумбир
- 1/4 чаша теријаки глазура
- 1/4 чаша кафеав шеќер
- семе од сусам, по желба

Правци:

a) Загрејте ја рерната и гответе ќофтиња според упатствата на пакувањето. Стави на страна.

b) Додека се печат ќофтињата, изматете ги сите состојки од сосот во сад додека убаво не се изедначат.

c) Откако ќофтињата ќе завршат со варењето, можете или да го потопите секое ќофте поединечно (со помош на чепкалка) во смесата со сос или со сосот да ги прелиете ќофтињата и нежно да ги мешате додека не се покрие со смесата со сос.

d) Послужете преку ориз и украсете со снежен грашок и ленти со печен црвен пипер како најава или како предјадење со чепкалки за заби.

93. Ќофтиња и сос за шпагети

Состојка

- 1 шолја топчиња со месо

- ¼ лажичка Сол

- ¼ лажичка мелен црн пипер

- ½ чаша рендан пармезан

- 1 фунта посно мелено говедско месо

- 1 лажица Маслиново масло

- 2 кромид сецкани

- 4 мелени чешниња лук или

- 2 Мелено лукче

- 14 унци лименка сос од домати

- ½ чаша црвено вино (по избор)

- 1 слатка зелена пиперка

- 1 лажичка сушен лист босилек

- ½ лажичка Лист оригано

Правци:

a) Формирајте го месото во ќофтиња од 1 инчи. Додадете во сосот за шпагети за готвење.

b) Загрејте масло во големо тенџере поставено на средна топлина. Додадете кромид и лук. пржете 2 минути. Додадете ги преостанатите состојки. Покријте и доведете до вриење, често мешајќи.

c) Потоа, намалете ја топлината и вриете, често мешајќи најмалку 15 минути.

94. Ќофтиња со тестенини во јогурт

Состојка

- 2 килограми мелено говедско месо

- Изгмечете кајен пипер, куркума, коријандер и цимет

- Сол и црн пипер

- 2 чешниња лук

- 1 лажица растително масло

- 1 шпански кромид

- 6 Зрели сливи домати -- јадро,

- 4 Сушени домати на сонце

- Тестенини

Правци:

a) Во сад измешајте ги говедското месо, циметот, коријандерот, куркумата, кајенот, солта, биберот и половина од лукот.

b) Со чисти раце, измешајте темелно, а потоа обликувајте го месото во ќофтиња од $\frac{3}{4}$ инчи. Оставете ги на страна.

c) Во поголема тепсија загрејте го маслото, додадете го кромидот и додадете ги ќофтињата. Гответе, често превртувајќи ги.

d) Додадете ги доматите од слива и преостанатиот лук. Додадете ги сушените домати, сол и бибер и варете ја смесата 5 минути на тивок оган, мешајќи еднаш или двапати.

e) За тестенините: Доведете големо тенџере со вода да зоврие. Додадете ги тестенините и варете.

f) Измешајте ги јогуртот, лукот и солта. Фрлете темелно и префрлете ги во 6 широки чинии.

95. Stracciatelle со ќофтиња

Состојка

- 1-квар пилешка супа

- 2 чаши Вода

- ½ чаша Пастина

- 1 лажичка свеж магдонос, сечкан

- ½ килограми посно мелено говедско месо

- 1 Јајце

- 2 лажички лебни трошки со вкус

- 1 лажичка рендано сирење

- 1 морков, ситно исечен

- ½ фунти спанаќ, само лиснатиот

- Дел julienned

- 2 лажички свеж магдонос, сецкан

- 1 мал кромид, мелено

- 2 Јајца

- Рендано сирење

Правци:

a) Во тенџере за супа, измешајте ги состојките за супа и доведете до тивок вриење. Измешајте ги состојките од месото во сад, многу ситни ќофтиња и ставете ги во смесата од супа што врие.

b) Во помал сад изматете 2 јајца. Со дрвена лажица измешајте ја супата додека полека ги спуштате јајцата, постојано мешајќи. Тргнете од оган. Покријте и оставете да отстои 2 минути.

c) Послужете со рендано сирење.

96. Супа од ќофтиња и равиоли

Состојка

- 1 лажица маслиново масло или масло за салата

- 1 голем кромид; ситно сецкани

- 1 чешне лук; мелено

- 28 унци Конзервирани домати; сецкани

- $\frac{1}{4}$ чаша Паста од домати

- $13\frac{3}{4}$ унца говедска супа

- $\frac{1}{2}$ чаша Суво црвено вино

- Питкајте сув босилек, мајчина душица и оригано

- 12 унци равиоли; исполнет со сирење

- $\frac{1}{4}$ чаша магдонос; сецкани

- Пармезан; рендан

- 1 Јајце

- $\frac{1}{4}$ чаша меки лебни трошки

- $\frac{3}{4}$ лажичка сол на кромид

- 1 чешне лук; мелено

- 1 килограм посно мелено говедско месо

Правци:

a) На загреано масло внимателно заматете ги ќофтињата.

b) Измешајте ги кромидот и лукот и варете околу 5 минути, внимавајќи да не се распаднат ќофтињата. Додадете ги доматите и нивната течност, доматната паста, супата, виното, водата, шеќерот, босилекот, мајчината душица и ориганото. Додадете равиоли

97. Бугарска супа од ќофтиња

Принос: 8 порции

Состојка

- 1 фунта мелено говедско месо

- 6 лажици ориз

- 1 лажичка пиперка

- 1 лажичка Сушен солени

- Сол, бибер

- Брашно

- 6 чаши Вода

- 2 коцки телешки бујон

- $\frac{1}{2}$ китка зелен кромид; исечени

- 1 зелена пиперка; сецкани

- 2 моркови; излупени, тенко исечени

- 3 домати; излупени и сецкани

- 1 см. жолти чили, поделени

- $\frac{1}{2}$ китка магдонос; мелено

- 1 Јајце

- 1 лимон (само сок)

Правци:

a) Комбинирајте го говедското месо, оризот, пиперката и солените. Зачинете по вкус со сол и бибер. Измешајте лесно, но темелно. Формирајте топчиња од 1 инчи.

b) Во голем котел измешајте вода, коцки бујон, 1 лажица сол, 1 лажичка бибер, зелен кромид, зелена пиперка, моркови и домати.

c) Покријте, доведете до вриење, намалете ја топлината и вриете 30 минути.

98. Месни топчиња и франкфурти

Состојка

- 1 фунта мелено говедско месо
- 1 јајце, малку изматено
- ¼ чаша Лебни трошки, суви
- 1 среден кромид, рендан
- 1 лажица Сол
- ¾ чаша чили сос
- ¼ чаша желе од грозје
- 2 лажици Сок од лимон
- 1 чаша франкфурти

Правци:

a) Комбинирајте го говедското месо, јајцето, трошките, кромидот и солта. Обликувајте мали топчиња. Измешајте ги во чили сос, желе од грозје, сок од лимон и вода во голема тава.

b) Топлина; додадете топчиња од месо и динстајте додека месото не се свари.

c) Непосредно пред сервирање додадете франци и загрејте.

99. Ќофтиња од Менхетен

Состојка

- 2 килограми посно мелено говедско месо

- 2 чаши Меки лебни трошки

- ½ чаша сецкан кромид

- 2 Јајца

- 2 лажици сечкан свеж магдонос

- 1 лажичка Сол

- 2 лажици маргарин

- 1 тегла; (10 oz.) Конзерви од кајсии Крафт

- ½ чаша Крафт сос за скара

Правци:

a) Измешајте месо, трошки, кромид, јајца, магдонос и сол. Обликувајте ќофтиња од 1 инчи.

b) Загрејте ја рерната на 350 степени. Кафени ќофтиња во маргарин во голема тава на средна топлина; исцеди. Ставете го во сад за печење од 13 x 9 инчи.

c) Измешајте ги конзервите и сосот за скара заедно; прелијте со ќофтиња. Печете 30 минути, повремено мешајќи.

100. Виетнамски ќофтиња

Состојка

- 1½ фунти посно мелено говедско месо

- 1 чешне лук, мелено

- 1 белка од јајце

- 1 лажица Шери

- 2 лажици соја сос

- ½ лажичка течен чад

- 2 лажици Рибен сос

- 1 прстофат Шеќер

- 1 сол и бел пипер

- 2 лажици пченкарен скроб

- 1 лажица масло од сусам

Правци:

a) Измешајте ја смесата со миксер или процесор за храна додека не се изедначи многу.

b) Калапи мали ќофтиња на ражен (околу шест ќофтиња по ражен).

c) Свртете до совршенство.

ЗАКЛУЧОК

Предјадењата обично се резервирани за свечени оброци и кога ќе дојдат гости. Тие традиционално се калорични и често се пржени. Сепак, оброк кој се состои од неколку, мали, здрави предјадења може да биде интересна и разновидна алтернатива на едно големо нездраво јадење.

Во оваа книга сте опремени со рецепти за мезе, кои се поздрави од традиционалните мезе. Ќе видите дека сосовите се направени со овошје и зеленчук, па затоа на овие јадења им се даваат смели бои, додека содржината на маснотии и натриум се одржува релативно ниска.

Milton Keynes UK
Ingram Content Group UK Ltd.
UKHW020811150923
428743UK00014B/572